人文经济学乡村样本

铜官山新实践

A RURAL SAMPLE OF HUMANISTIC ECONOMICS

NEW PRACTICE OF TONGGUANSHAN

王俊　李程骅 ◎ 主编

当代中国出版社
Contemporary China Publishing House

图书在版编目（CIP）数据

人文经济学乡村样本：铜官山新实践 / 王俊，李程骅主编. -- 北京：当代中国出版社，2024. 10.
ISBN 978-7-5154-1444-7

Ⅰ. F327.533

中国国家版本馆 CIP 数据核字第 2024HT9755 号

出 版 人　王　茵
责任编辑　乔镜蜚　闫行骏
责任校对　贾云华　康　莹
印刷监制　刘艳平
封面设计　宋　涛　鲁　娟
出版发行　当代中国出版社
地　　址　北京市地安门西大街旌勇里 8 号
网　　址　http://www.ddzg.net
邮政编码　100009
编 辑 部　（010）66572744
市 场 部　（010）66572281　66572157
印　　刷　中国电影出版社印刷厂
开　　本　710 毫米 ×1000 毫米　1/16
印　　张　15 印张　1 插页　179 千字
版　　次　2024 年 10 月第 1 版
印　　次　2024 年 10 月第 1 次印刷
定　　价　78.00 元

目录 CONTENTS

绪 论

写好新时代“人文经济学”乡村答卷

中国式现代化是基于城乡融合发展的全方位、多层次现代化。现代化必须依托城镇化，但城镇化绝不是农村的边缘化。没有农业农村的现代化，我国就不可能真正建成社会主义现代化强国。习近平总书记在 2020 年中央农村工作会议上的重要讲话强调：“从中华民族伟大复兴战略全局看，民族要复兴、乡村必振兴”；“乡村振兴是包括产业振兴、人才振兴、文化振兴、生态振兴、组织振兴的全面振兴，是‘五位一体’总体布局、‘四个全面’战略布局在‘三农’工作的体现。我们要统筹推进农村经济建设、政治建设、文化建设、社会建设、生态文明建设和党的建设，促进农业全面升级、农村全面进步、农民全面发展”①。党的二十大报告对“全面推进乡村振兴”作出新部署：“坚持农业农村优先发展，坚持城乡融合发展，畅通城乡要素流动。加快建设农业强国，扎实推动乡村产业、人才、文化、生态、组织振兴。”进一步观照中国式现代化的鲜明特征和本质要求，推进新时代的乡村全面振兴，必须紧扣高质量发展、全体人民的共同富裕、物质文明和精

① 习近平：《把乡村振兴战略作为新时代“三农”工作总抓手》，载《求是》2019 年第 11 期。

神文明相协调以及人与自然的和谐共生，不断书写出中国式现代化的美丽新篇章。

在中国式现代化进程中推进乡村全面振兴，牢牢坚持以人民为中心的发展思想，必须让生活在广大农村的数亿农民实现全面发展，持续满足对美好生活的向往。在“五大振兴”中，由于乡村是传承传统文化的根脉，是文明乡风建设的重要载体，决定了文化振兴不仅是重要内容，还要在乡村全面振兴中发挥着整体的价值引领作用。在乡村高度融合的生产、生活、生态空间中，以文兴业、以文聚力、以文化经，让文化与经济的互促共进，促进农业繁荣、农村和谐、农民富裕，不断将发展成果转化为生活品质，持续增强人民群众的获得感、满足感、幸福感，直接映射农村农民的全面发展水平，由此体现的人文关怀和发展福祉，正是“人文经济学”对乡村全面振兴的全新赋能。

习近平总书记提出的“人文经济学”命题，其核心是现代化进程中高质量发展的人文底蕴与精神动能支撑，文化与经济实现高水平互促互动。2023 年全国两会期间，习近平总书记在参加江苏代表团审议时指出：“上有天堂下有苏杭，苏杭都是在经济发展上走在前列的城市。文化很发达的地方，经济照样走在前面。可以研究一下这里面的人文经济学。”[①]2023 年 7 月，习近平总书记在江苏省苏州市考察时指出：“苏州在传统与现代的结合上做得很好，不仅有历史文化传承，而且有高科技创新和高质量发展，代表未来的发展方向。”[②]在中国式现代化的理论体系和实践要求下认知“人文经济学”的内涵，就会发现文化、经济、人文、创新等关键词在苏州多向互动的有机构成，有力

① 杜尚泽、潘俊强：《微观察——总书记关注的这个题目，有中国的未来》，载《人民日报》2023 年 07 月 10 日，第 1 版。

② 同上。

支撑苏州始终立足发展潮头，并在探索中华民族现代文明建设上走在前列。进一步来看，文化发达、经济走在前面、传承历史文化、创新驱动、高质量发展，这些显性特征和内在气质集于苏州这座城市、苏州的广大地域，让苏州当之无愧成为读懂中国式现代化、读懂“人文经济学”命题的典型样本，代表了中国式现代化的未来方向和光明前景。

苏州作为中国式现代化进程中文化发达、经济走在前列的城市，人文底蕴深厚、创新动能强劲，正是“人文经济学”的理念和实践的生动验证。回望历史，在以苏州为代表的文化江南的地域空间中，从城镇到农村，从街巷到村落，优秀传统文化的浸润处处留痕，开放包容的情怀充溢于实践行动，由此形成整个地域的人文精神，直接活化为敢闯敢为的示范自觉，造就了文化和经济的发展奇迹。改革开放以来，苏州在传承弘扬中华优秀传统文化和发展开放型经济所取得的成就，成为集传统与现代于一身的“双面绣”典范城市。由此，研究以苏州为代表的“人文经济学”时代命题，我们在聚焦于苏州城中平江路、山塘街以及众多文化名镇等标识性很强的文化空间时，还需要把目光投向广袤的苏州乡村大地，将那些在新时代乡村战略行动中脱颖而出、展现走在前列新风采的标杆乡村，以“五位一体”推进乡村全面振兴的创新实践，在“人文经济学”的视域中系统剖析，总结经验，强化示范。这对书写好中国式现代化的美丽乡村答卷具有重要的实践意义和价值导向作用。

基于上述的考量，我们把研究的对象锁定为“人文乡村”样本性极强的铜官山村——这个处在苏州行政地域边缘、长江之滨的村落。作为常熟的历史起源地，铜官山村拥有鲜明的地域文化符号，但过去却一直是远近闻名的贫困村。进入新时代，得益于新发展理念和乡村振兴战略的全面实施，铜官山村在党组织的坚强领导下，创新打出文化牌、生态牌，大力发展村级集体经济，仅仅用数年的时间就“蝶变”为富裕村、文明村，先后获得省级文明村、特色田园乡村、健康村以及全国民主法治示范村、中国美丽乡村、国家森林乡村等称号。如今的铜官山村，沃野起伏，良田丰美，河水清澈，村民们脸上充溢着笑颜，村庄有颜值更有内涵，变成了休闲旅游打卡地，绘出了新时代江南鱼米乡的新画卷。这个原来偏僻、落后的常熟乡村，之所以能快速变身为美丽富有的“后发”样板村，其“密钥”就是在乡村振兴的实践行动中，创造性地用好自身历史文化名片和绿水青山资源，探索出村级集体经济高质量发展的新路径，实现了强村富民、幸福宜居的跨越，实现了文化和经济相得益彰，生态与生产互促共进，人文的底色越发亮丽，而这正是“人文经济学”在乡村空间实践的价值体现、魅力所在。铜官山在历史上曾是常熟县城所在地，是常熟历史文化之“根”。铜官山村委会让这个具有唯一性的村级文化资本，与生态修复的美丽乡村资源，在乡村全面振兴的战略中找到结合点，融合创新，放大产业的富民效应，带动“五位一体”的全面发展，让全体村民享受到物质富足、精神富有的时代福祉，可以说把握了乡村全面振兴的关键，展现了“人文经济学”的真义，交出了一份高质量的现代化进程中的乡村振兴答卷。

以高质量发展推进中国式现代化，必须坚持城乡融合发展，让乡村和城市一样有品质有吸引力。因此，实现中国式现代化的目标与任务，当前和未来的重点依然是农村。江苏是经济大省，也是农业大省、文化大省，建设“强富美高”现代化新江苏，有责任有义务在推进中国式现代化实践中走在前、做示范，以“人文经济学”的发展理念与创新实践，在推进乡村全面振兴的战略行动中不断取得实质性进展、阶段性成果，形成可复制可推广的样板和经验。乡村振兴的实质是实现农业农村现代化，写好新时代的“人文经济学”乡村答卷，必须坚持以人民为中心，要加快探索具有中国特色、富有江苏特点的乡村振兴之路，在现代化道路的探索中满足人民群众多样化、多层次、多方面的需求和期盼，把发展成果不断转化为生活品质，着力改善乡村的人文环境，提升公共服务水平，不断增强人民群众的福祉。苏州集经济强市、文化大市，农业大市为一身，在城镇化率、城乡一体化发展水平较高的基础上，从太湖流域到长江之滨的广大市域中，高质量推进乡村振兴的任务依然繁重，将“人文经济学”的发展理念运用到推进农业农村的现代化，在彻底打破城乡边界、注重三次产业融合发展的同时，还要在传统文化资源的增值挖潜、乡村生态资源的价值转化上统筹安排，形成资本、技术、人才与数据等要素双向流动的新格局，让“人文乡村”成为新的地域名片，进一步展现高质量发展的普惠性与鲜明的价值导向。从践行这一使命来看，铜官山村探索以文化资本与生态本底撬动村级集体经济发展、实现强村富民的整体跨越，无疑具有典型的样本意义。如果说苏州已经成为人们读懂中国式现代化、读懂人文经济学的实践样本，那么铜官山村则以自身创新实践所取得的成绩成效，变身为乡村全面振兴的苏南农村新样板，让过往默默无闻的普通村落散发出令人向往的“人文乡村”魅力，在一定程度上代表了苏州新时代乡村振兴行动中的新标杆，表明苏州践行“人文经济学”的理念是全方位、一以贯之、上下联动的，以城乡一体的高质量发展，不断绘出现代化鱼米之乡的生动场景、美丽篇章。

日出江花红胜火，春来江水绿如蓝。党的二十届三中全会对进一步完善城乡融合发展体制机制、统筹新型工业化、新型城镇化和乡村全面振兴作了全面部署；还提出要优化文化服务和文化产品供给机制，完善公共文化服务体系，建立优质文化直达基层机制，建全社会力量参与公共文化服务机制，推进公共文化设施所有权和使用权分置改革。这些必将进一步促进城乡要素平等交换、双向流动，缩小城乡差别，提升城乡共同繁荣水平，推动我国的农业农村现代化迈上新的台阶。江苏是美丽富饶的鱼米之乡，积淀了深厚的人文底蕴，一直承载着人们对美好生活的向往。从历史上看，苏州为代表的江南地区整体发展的抗风险能力与韧性较强，有“人间天堂”之誉，这无疑和人文与经济有机互动、相互涵养直接相关[①]。在全面推进中国式现代化的伟大征程中，建设“强富美高”现代化新江苏，苏州践行走在前、做示范的探路使命更强，其“人文经济学”的实践必将在城乡空间开出更加绚烂之花、结出更为厚实之果。中国式现代化根植中华大地，开辟了建设中华民族现代文明的新境界，让“乡土中国”承载起传承人文精神、激发社会创造活力的新使命，让我们在现代化新征程上牢记习近平总书记对江苏发展的殷殷嘱托，深刻领会“人文经济学”命题的要义，以促进全体人民共同富裕为着力点，强化经济发展的人文目标，赋予经济发展深厚的人文价值，不断破解推进乡村全面振兴的新题难题，以更高水平、更高标准推进农业现代化和农村现代化，让苏州大地涌现出更多的彰显历史底蕴、引领乡风文明、充满现代化气息的“人文乡村”，为建设新时代高品质的鱼米之乡，绘出更加精彩的“人文经济学”画卷！

---

① 参见苏群：《领悟“人文经济学”要义 推进新质生产力发展》，载《群众》2024年第5期。

第一章

新时代乡村振兴的铜官山村实践

党的二十大报告指出："全面建设社会主义现代化国家，最艰巨最繁重的任务仍然在农村"。在中国式现代化的宏伟蓝图中，农业农村现代化是其中的重要一环，在整个国家现代化建设中地位突出、意义重大，也是全面建设社会主义现代化国家之"全面"的重中之重，"没有农业现代化，没有农村繁荣富强，没有农民安居乐业，国家现代化是不完整、不全面、不牢固的。"① 党的二十届三中全会进一步强调，要坚持农业农村优先发展，巩固和完善农村基本经营制度，完善强农惠农富农支持制度。党的二十大报告指出，农村是乡村振兴的主战场，更是以中国式现代化推进中华民族伟大复兴的关键阵地。乡村振兴战略不仅是过去农村工作经验的总结，更是一场通过农村各场域的改革来绘就产业幸福、生态宜居、乡风文明、治理有效、生活富裕的美好图景。

在全国各地乡村振兴的探索实践中，涌现出成都的明月村、陕西的袁家村、浙江安吉余村、湖北木兰花乡等一系列发展典型，而苏南地区在现代化探索实践中也出现了许多乡村振兴的典型案例，苏州常熟的铜官山村就是其中之一。"农文旅融合兴产业，市场化运营树品牌"，常熟市铜官山村探索新时代乡村振兴的新路径，仅用四年多时

---

① 2014 年 12 月习近平总书记在江苏调研时的讲话，载《人民日报》2014 年 12 月 15 日。

间，就从一个贫困村变身“中国美丽休闲乡村”，从一个默默无闻的普通乡村到人气爆棚的乡村旅游热点，获得了“全国民主法治示范村”“中国美丽休闲乡村”“国家森林乡村”“江苏省文明村”等多项荣誉称号。铜官山村并非传统意义的富裕村，也不是具有深厚发展积淀的“明星村”，其“样本”意义更在于给那些既需要发展又不知如何发展的乡村一种全新的思考，即每个地方都可以充分立足自身实际，充分挖掘特色资源禀赋，在找准发展定位、遵循市场导向下蹚出一条乡村振兴的“新路子”。

图1-1 铜官山晨曦*

* 本书所有图片均由常熟市海虞镇人民政府提供。

一、乡村振兴是中国式现代化的必然要求

习近平总书记指出："从中华民族伟大复兴战略全局看，民族要复兴，乡村必振兴。"① 乡村振兴战略的总目标就是推进农业农村现代化，这是关系全面建设社会主义现代化国家，从而实现中华民族伟大复兴使命的关键内容和重要前提。从中国式现代化的特征和本质要求看，全面推进乡村振兴、实现农业农村现代化是中国式现代化的重要一环，更是实现中国式现代化的必然要求。

（一）共享现代化成果的新要求

中国式现代化是人口规模巨大的现代化，实现人口规模巨大的现代化最关键是体现发展的普惠性，意味着全体人民共享现代化发展成果。"即便我国城镇化率达到百分之七十，农村仍将有四亿多人口。如果在现代化进程中把农村四亿多人落下，到头来'一边是繁荣的城市，一边是凋敝的农村'这不符合我们党的执政宗旨，也不符合社会主义的本质要求。这样的现代化是不可能取得成功的。"② 新中国成立以来，党和国家集中有限的资源，重点投向工业部门，建立起独立的完整的工业体系，这背后是农业支持工业，农村服务城市的贡献和牺牲。习近平总书记一直强调要用大的历史观来看待农业、农村和农民

① 习近平：《论"三农"工作》，中央文献出版社 2022 年版，第 2 页。

② 中央党史和文献研究院：《习近平关于"三农"工作论述摘编》，中央文献出版社 2019 年版，第 44 页。

问题，中国农民和农村的巨大贡献和牺牲，是国家发展的巨大支撑和保障。广大农民群体是我国农业现代化建设的根本力量，是促进农业农村发展的生力军，广大农村地区为城市现代化发展提供大量的食品、原材料和劳动力，农民群众以及农村地区理应成为现代化建设的受益者和获利者。“农业强不强、农村美不美、农民富不富，决定着亿万农民的获得感和幸福感，决定着我国全面小康社会的成色和社会主义现代化的质量。”[①] 推进农业农村现代化，就是让广大农民群体平等地参与到中国式现代化的发展进程，使中国式现代化的发展成果更多更好地惠及广大农民群体。乡村振兴强调坚持农业农村优先发展，体现了“三农”工作在经济社会发展中的压舱石作用。通过城乡要素间的自然流动，推动形成工农互促、城乡互补、协调发展、共同繁荣的新型工农城乡关系，进一步打通城乡融合发展的体制机制壁垒，真正让农民和农村共享现代化发展成果，在现代化发展中不断得到更多的获得感、幸福感和安全感。

（二）实现共同富裕的新路径

全体人民共同富裕是中国式现代化的重要特征，也是中国特色农村现代化的首要任务，是“农民富”的具体体现，更是实现第二个百年奋斗目标，实现人民对美好生活需要、消除贫富两极分化的必然要求。当前，我国社会主要矛盾发生转变，意味着中国式现代化要着力解决好发展的不平衡和不充分问题。习近平总书记从理论逻辑、历史逻辑和现实逻辑战略高度出发，作出“我国发展最大的不平衡是城乡

---

① 新华社：《中央农村工作会议在北京举行 习近平作重要讲话》，2017 年 12 月 19 日。

发展不平衡，最大的不充分是农村发展不充分”[①]的重大判断。因此，共同富裕的重点在农村，难点也在农村。农业和农村作为我国最基层的社会组成单元和最基础的经济组成部分，是应对和解决我国社会发展中不平衡不充分问题的重要前提，同时担负着为整个社会良性运行和发展运作供给物质和要素的重要使命，对于中国这样一个有着五千年农耕文明历史的国家来讲，它更是实现现代化发展的“牛鼻子”。随着现代化进程的加快，我国农业农村发展取得了显著成就，无论农民的收入、消费水平，还是生活质量都有了一定程度的提高。但是，城乡之间差距和农村内部差距问题依然是阻碍共同富裕目标的一大问题，以共同富裕的衡量标准来看，当前我国农民的富裕程度仍然有较大的提升空间，共享富裕的程度仍需进一步提高。习近平总书记在 2017 年的中央农村工作会议上的重要讲话强调：“在现代化进程中，我国即使城镇化率达到了百分之七十，也还有几亿人生活在农村。”“如果只顾一头、不顾另一头，一边是越来越现代化的城市，一边却是越来越萧条的乡村，那也不能算是实现了中华民族伟大复兴。”实施乡村振兴战略，其根本目标就是以乡村的全面振兴来实现共同富裕的宗旨要求，从而有效缓解城乡之间发展的非均衡性，不断缩小区域间以及群体间的差距。促进以人为本的中国式现代化的历史演进，增强乡村全面振兴的内在动力和聚集力。

（三）美丽乡村建设的新内容

党的十九大总揽全局，对在全面建成小康社会基础上，提出到本

① 2017 年 12 月习近平总书记在中央农村工作会议上的讲话：《把乡村振兴战略作为新时代“三农”工作总抓手》。

世纪中叶，把我国建成“富强民主文明和谐美丽的社会主义现代化强国”，这一重要论述，把美丽中国建设纳入了社会主义现代化强国的战略部署中。作为我国发展的总目标之一，从实现中华民族永续发展的目的出发，提出了实现美丽中国建设的时间表和路线图，到 2035 年基本实现美丽中国的目标。美丽乡村建设作为美丽中国战略目标的重要组成部分，是中国式现代化发展的重要组成部分，也是现代化发展的必然要求。2013 年，《中共中央 国务院关于加快发展现代农业进一步增强农村发展活力的若干意见》首次提出“美丽乡村”的奋斗目标。党的二十大报告结合乡村振兴新的发展阶段的任务要求，提出“建设宜居宜业和美乡村”的新的战略部署。从美丽乡村建设到打造宜居宜业和美乡村，是对乡村建设内涵和目标的进一步丰富和拓展。一方面，强调乡村文化内核以及乡村精神文明的发展，在和谐共生、和而不同的理念下，实现人与自然乃至人与人之间的和谐发展。另一方面，使现代化的乡村可观可感，既展现乡村基本功能的完备，又要保留乡土风情和乡村韵味。“乡村不仅要塑形，更要铸魂。农村精神文明建设是滋润人心、德化人心、凝聚人心的工作，要绵绵用力，下足功夫”①。通过打造产业兴旺、生态宜居、乡风文明、治理有效、生活富裕的美丽乡村，“构建生活幸福、乡风文明的‘和美’新境界，实现乡村空间居业协同、生态资本价值展现、治理结构内外融合，将乡村建设成为城乡现代生活、生产重要的承载地。”②

---

① 习近平：《论“三农”工作》，中央文献出版社 2022 年版，第 12 页。

② 武前波、薛雯露等：《宜居宜业和美乡村的基本内涵、建设重点及其作用机制探讨》，载《城乡规划》2023 年第 6 期。

（四）人与自然和谐共生的新需求

习近平总书记在党的二十大报告中强调：“中国式现代化是人与自然和谐共生的现代化”，这是中国式现代化与西方式现代化的本质区别。“人与自然是生命共同体，无止境地向自然索取甚至破坏自然必然会遭到大自然的报复。”党的二十届三中全会进一步强调：“加快完善落实绿水青山就是金山银山理念的体制机制”。在现代化进程中，发达国家先污染后治理的老路造成了严重的生态灾难和公害事件，警示我们“必须牢固树立和践行绿水青山就是金山银山的理念，站在人与自然和谐共生的高度谋划发展”。绿水青山，是国之根本，是人与自然和谐共生的现代化的重要表征。在新的发展范式下，要在价值理念、生产方式和生活方式上进行系统更新，建立可持续、有韧性、包容性的绿色发展新模式。乡村作为“山水林田湖草沙”自然综合体，是整个国家生态涵养的生态资源保障，实现现代化的绿色发展理念，最大的希望和最大的保障在乡村。人与自然和谐共生，是宜居宜业和美乡村建设不可偏离的“道路标线”和“指示牌”，也是鉴别各地建设宜居宜业和美乡村质量和成色的“试金石”。良好生态环境不仅是农村发展的最大优势和宝贵财富，更是站在人与自然和谐共生的高度全面推进乡村振兴的重要支撑。习近平总书记强调：“要守住生态保护红线，推动乡村自然资本加快增值，让良好生态成为乡村振兴的支撑点。”① 同时，生态本身就是经济，保护生态就是发展生产力。在推进中国式现代化进程中，乡村振兴战略要坚持可持续发展思想，在保护

① 习近平：《论坚持全面深化改革》，中央文献出版社 2018 年版，第 403 页。

生态的前提下，积极发展多种经营，把生态效益更好地转化为经济效益、社会效益。因此，中国式现代化建设要守护好美丽中国的底色，在乡村振兴实践中，综合考虑、协调统筹好乡村建设、农业开发以及生态环境的系统性和完整性，做好乡村生态环境的保护、建设与开发利用这篇大文章。

（五）展现乡风文明的新形态

在实现中国式现代化的伟大征程中，乡村振兴特别重要。习近平总书记在文化传承发展座谈会上强调："只有全面深入了解中华文明的历史，才能更有效地推动中华优秀传统文化创造性转化、创新性发展，才能更有力地推进中国特色社会主义文化建设，建设中华民族现代文明。"2024 年 5 月 22 日至 24 日，习近平总书记在山东考察时强调："要广泛践行社会主义核心价值观，持续深化城乡精神文明建设，抓好农村移风易俗，让现代文明理念在乡村深深扎根。"理论上，乡风文明是乡村振兴的"软件"，实践中，乡风文明建设是乡村振兴的难点。乡风文明潜移默化地影响着一代又一代农民。透视乡风文明程度，可以感知百姓的道德修养、法治意识和文化程度。良好的乡风为乡村振兴提供智力支持和精神动力。乡风文明是乡村文明的内核，是乡村振兴战略的灵魂，包括乡村良好的社会秩序和文明的社会风尚，以及农民思想道德和科学文化素质的不断提升，在移风易俗中传承好家风好家教，以科学文明健康的生活方式推动乡村和谐发展，并且享受到现代化文明成果。建设中华民族现代文明，需要以守正创新的正气和锐气，赓续乡村文明的历史文脉、谱写乡村文明的当代华章。

二、有效破解新时代乡村振兴的关键问题

（一）积极探索农业高质量发展的新路径

农业是国民经济的基础，强国必先强农，农强方能国强。农业农村现代化直接关系到中国式现代化的进度、质量和成色。“没有农业强国就没有整个现代化强国；没有农业农村现代化，社会主义现代化就是不全面的”①。我国是传统的农业大国，农业人口长期占我国人口绝大多数，农业规模大、数量多，但是离农业强国还有较大差距，农业发展的质量、效益和效率普遍不高。实现农业低质低效向高质高效转变是新时代实现农业大国向农业强国转变亟需破解的重要时代课题之一。

具体来说，一是农业生产整体效率仍然较低。相对于新型工业化、新型信息化、新型城镇化发展，农业生产效率总体相对较低，成为农业现代化进程的瓶颈。传统农业生产方式占据主导地位，农民依照惯性采用传统耕种经验和自然资源投入，科技含量高和附加值高的现代农业科技的普及和推广仍有一定的增量空间。而当前我国农业机械化水平依然相对较低，农业科技研发转化率还有待提高；二是农业人才队伍尚显匮乏。随着城镇化进程的加速，越来越多的农村青年选择外出务工或择业，老一代的务农人逐渐老去，且对新事物和新技术缺乏认知和适应性，对现有产业提质增效的愿望不强烈，这导致农村人才匮乏，创新能力不足，难以支撑起农村现代化建设的重任。推动新时

① 习近平：《加快建设农业强国 推进农业农村现代化》，载《求是》2023 年第 6 期。

代农业现代化，如何解决“谁来种田”的问题成为农业发展关键所在；三是产业融合发展的创收能力低。三产融合发展是促进农业提质增效、农民增收致富不可逆的趋势。但目前，农业发展中新型农业经营主体的带动作用还不强，家庭农场、农民合作社等新型农业经营主体的规模普遍偏小，市场抗风险能力弱，很多新型农业经营主体仅停留在农业生产环节，对产业链其他环节的延伸和拓展还存在很多不足。同时，很多地方发展休闲农业、乡村旅游过程中，同质化竞争严重，不注重特色品牌的打造，没有充分根据自身资源禀赋进行有效开发利用，投资大、见效慢，导致产业规模扩张过快，亏损严重；四是农产品附加值有待提高。农村多数地区很多农产品还停留在初级产品阶段，没有在创新品牌上做文章，甚至一味追求亩产量而忽视农产品质量的提高，更谈不上精品，粗放种植、粗放管理问题普遍存在。再加上管理机制不灵活，当地缺少龙头企业的引领和带动，没有形成真正的科学合理的产业链，带来的结果是本该有市场竞争力的产品没有赢得市场空间，低廉的市场价格反过来又挫伤了农民种植的积极性。

图1-2　铜官山村民收割水稻

应对农业高质量发展的要求，铜官山村立足自身发展实际，充分挖掘特色资源，“立足现代农业和乡村休闲旅游相结合定位，形成以水稻种植、设施农业、乡村旅游产业为主，茶树、花卉、林果种植为辅的现代农业体系。”① 农业现代化方面，依托七峰山，以七峰茶叶文化与产业为核心，传承了非遗“七峰碧螺春制作技艺”，出品的绿茶、白茶享誉各方。为整合农业资源效益、提高农业经济效益、放大农业社会效益，铜官山村探索出“政府投资、农民入社、职业经理人运营”的运作模式，延伸农业产业链，促进粮食深加工和销售业务，推动农业产业品牌化发展，增加农业产品附加值。以“铜官山”特色乡镇旅游品牌为特色，发展插秧、割谷等水稻文化体验活动。结合果蔬产业主题形象 IP 探索沉浸式户外自然乐园新模式，打造首个乡村自然主题情景演绎乐园，走出了农文旅融合发展的新探索。在产业融合上求突破，宜居宜游是乡村旅游吸引力和竞争力所在，铜官山村在保留乡情乡韵乡愁前提下，促进中国农村现代化的演进和升级，在和美乡村建设中“慢享时光”，使“望得见山、看得见水、记得住乡愁”成为乡村最美的画卷。在推进农民现代化方面，铜官山村党委不断完善人才培养体系，吸引高校毕业生、城镇企业主、农业科技人员返乡就业、创业，并支持激励人员考取农产品经纪人、新型职业农民、农产品加工助理工程师等证书，不断提高农业产业技能。

（二）全力推进乡村治理体系和治理能力现代化

基层强则国家强，基层安则国家安。乡村治理现代化是国家治理

---

① 参见程刚：《实干担当 建设乡村振兴样板村》，载《群众》2024 年第 2 期。

现代化的重要内容，是党在基层治理能力提升的充分体现，也是乡村振兴战略实现的重要保障。党的二十大报告强调："健全共建共治共享的社会治理制度，提升社会治理效能"。党的二十届三中全会再次强调："健全党组织领导的自治、法治、德治相结合的城乡基层治理体系"。为优化完善社会治理体系和治理能力提供了战略牵引，指明了发展方向。乡村治理体系和治理能力现代化就是通过乡村振兴治理的制度化、规范化、程序化，不断激发基层内生活力，实现共建共治共享的治理效能。

然而，治理有效是乡村振兴的保障，如何顺应乡村治理由"管理民主"向"治理有效"转型，仍有诸多现实难题。一是乡村居民的主体性发挥不充分。在乡村振兴的多元主体中，农民是核心主体，既是行动的参与主体，更是成果的享受主体和效果的评价主体。但是，现行的农村治理框架中，村民的主动参与意识普遍不强，受传统思维影响，广大农村居民对乡村振兴中自我主体身份认识不足。认为乡村治理是村两委甚至是乡镇党委政府的责任，与自己没有太大关联，对村庄事务关注度不够，对乡村建设和发展仅限于被动接受动员。村庄治理过程中民主机制尚不健全，导致村民参与治理的途径不畅通；二是乡村治理的内容和方式有待创新。乡村治理方式和治理内容关系着乡村治理能力水平的高低，乡村治理既要发展乡村产业，又要保障和改善民生，同时还要兼顾不同群体的利益需求，协调和处理各种矛盾纠纷。乡村治理能力的提升不能只满足一般性事务处理能力，当前乡村治理能力与乡村信息社会的多样化、社会化、个性化的综合需求还不完全契合，一些治理服务供给能力与乡村居民的期待还有较大差距；三是数字赋能乡村治理有待加强。数字乡村既是乡村振兴的战略方向，也是建设农业强国、数字中国的重要内容。在实践中，多数乡村数字基础社会建设相对滞后，政府资金投入相对不足、复合型人才的缺失以及技术支撑不足，加上乡村居民数字素养普遍偏低，对数字化服务参与程度不足，导致数字技术赋能乡村现代化的效应并未充分发挥。

在推进乡村治理体系和治理能力现代化方面，铜官山村坚持党建统领，创新基层治理模式。一是“小网格”发挥乡村治理“大能量”。铜官山村充分发挥村级党建资源，构筑以“村（社区）党委＋网格支部”为核心，“社会治理＋民生服务网”为侧翼的“红色网格”，将党组织设置与“网格化”管理相融合，成立“红色先锋站”成为网格支部的活动阵地，把“红色先锋站”建成党员群众家门口的支部工作站、民情收集站、矛盾化解站、综合治理站和文化服务站，全面打通服务群众的“最后一公里”，依托“小网格”，筑起党群连心“微堡垒”，撬动基层治理“大格局”；二是“小积分”记录文明实践“大美德”。为强化乡村社会治理，铜官山村全面推行文明有“礼”积分管理办法，实现乡村治理新模式，制定积分兑换管理办法和实施细则，建立积分台账，通过每月考核评分，量化村民参与环境治理、文明创建情况。以积分养习惯、以习惯化新风，推动乡村治理由“村里事”变“家里事”，将“要我参与”变成“我要参与”，激发村级自治的积极性；三是“小课堂”营造宣传教育“大氛围”。依托党群服务中心，新时代文明实践站、文化广场等主阵地，将文化阵地升级改造为理论宣讲、市民教育、科普宣传、文化活动等功能室，以铜官山乡村乐园的振兴学院、历史文化馆、农耕文化园、农村大舞台等活动场地作为支点，连点成片，形成合力。定期在理论宣讲室开展理论宣讲活动，筑牢干部群众的思想堡垒，打造“理响铜官山”理论宣讲品牌；四是“小网络”链接村级治理“大提升”。铜官山村积极推进乡村治理数字化，通过数字技术嵌入推动治理思维转变，有效提升乡村治理效能。如完善乡村数字基础设施，建立和完善“乡村云”平台等数字工具，集村民信息、考核评价、积分服务等功能为一体，为村民提供出行、医疗、教育、养老、法治等各类线上服务，形成“群众点单、中心制单、派单，部门接单，群众评单”全覆盖、闭环式文明实践服务网络。

（三）努力实现农民日益增长的美好生活新愿景

人民日益增长的美好生活需要和不平衡不充分的发展之间的矛盾作为当前社会主要矛盾，是中国式现代化进程中需要解决的首要问题。亿万农民的需求层次也随之发生了改变，在农业产业方面，由过去强调增产增收向现在要求产业转型和业态更新转变；在需求层次方面，不仅限于稳定的就业以及满足基本衣、食、行等生活需要，更多关注于丰富的精神文体活动、健全和完善的基础设施等供给。在基本公共保障方面，要求不断缩小与城市居民之间的收入差距以及社会保障的均等化，等等。中国农业是近 2 亿人就业的产业，中国乡村是近 5 亿农民常住的家园，怎样满足数亿农民日益增长的美好生活需要是中国农业农村现代化必须答好的时代课题。

当前，推进农业农村现代化存在的问题主要有三个方面。首先是农村基本公共服务保障不足。习近平总书记指出：“城乡差距大最直观的是基础设施和公共服务差距大”“要把公共基础设施建设的重点放在农村”“要加快推动公共服务下乡”。[①] 受到传统二元体制的影响，农村区域公共文化体育、基本医疗卫生、社会保障等方面的基础设施和公共服务供给总体不足、标准偏低。比如，随着农村电商的发展，农村

① 习近平：《论坚持全面深化改革》，中央文献出版社 2018 年版，第 396—397 页。

快递点等基础设施覆盖率还较低，网上购物或者网上售卖对村民来讲，并不是鼠标一点那么轻松，物流成为最大的瓶颈；其次是乡村文明发展缺乏有效传承和创新。随着新型城镇化发展，一些传统村落逐渐消失，传统村落的终结意味着诸多村落文化将面临无处生存的困境，尤其是传统村落中的祠堂等具有乡村文化代表的建筑倒塌，传统文化失去了物理载体，农民对集体观念和公共精神认同感也日益衰落，乡村文化传统和文化观念的代际传承明显弱化。传统节日和传统技艺也面临无法传承下去的危机；最后是农村留守劳动力就业创业难。乡村振兴是实现“共同富裕”的题中之义，“共同富裕”最为直观的表现就是农民增收，农村留守劳动力是一个较为庞大的群体，受到村级产业和经济发展的宏观环境影响较明显，加上农村创业的政策扶持和金融服务力度不足，制约了农村创业者的发展。

铜官山村党委坚持以人民为中心的发展思想，切实把增进村民福祉，促进人的自由而全面发展作为工作的出发点和落脚点。大力推进美丽宜居村庄建设，统筹农房翻建、村道改善、厕所革命等工作，以振兴学院、历史文化馆、农耕文化园、乡村大舞台等活动阵地为支点，焕发乡村文明新风采。在基础设施和公共服务中，借鉴传统乡村建造智慧，改造老旧房屋，新建文明驿站、文化礼堂，采用富有江南特色的木屋结构，提供公共活动空间。在乡风文明建设上，注重保护文化根脉，倾心打造铜官山历史文化馆，记录着常熟这座城市的历史变迁、吴文化以及吴方言的变迁过程。在乡村旅游发展过程中，通过打造共享餐厅、特色民宿，有效带动周边农民在餐饮、民宿和特色农产品生产销售等方面共享产业增值效益，吸引了一批有想法的村民回乡创业，越来越多的村民享受到农文旅融合发展的红利，实现了在家门口就业、家门口致富。

（四）有效促进农业农村绿色低碳循环与转型发展

绿色发展是高质量发展的底色，绿色低碳发展不仅关系到中国式现代化的成色和质量，更是人类永续发展的前提和保障。当前，农村环境污染治理仍是美丽中国建设的突出短板问题，持续做好农村环境整治是深入打好污染防治攻坚战的重要任务，是实施乡村振兴战略的重要举措，也是实现中国式现代化的必然要求。习近平总书记强调：“坚持绿色是农业的底色、生态是农业的底盘。”[①] 减少碳排放、保护生态环境、提高资源利用率，减少对环境的负面影响，是实现农业农村绿色低碳循环与转型发展的重要支撑，是中国农业农村现代化必须答好绿色低碳发展的关键问题。

面对农业农村绿色低碳发展任务，需要从这样几个方面进行破解。首先，提高农民生态环境意识。村民是乡村振兴以及美丽乡村建设的主体，农民群众在生态环境治理过程中既承担主体性责任，又是良好生态环境的主要受益对象。虽然农村居民“自治”意识普遍有所提升，但一些生活陋习难改。多数村民在日常生产和生活中对于党中央关于绿色低碳相关政策关注度和认知度不足，观望等待成风，生态环境整治“政府干、群众看”的局面尚未彻底扭转，所有建设项目都等着政府投资。“共治”理念明显不足，部分需要群众参与，应该投工投劳的项目不予配合，自己置身于乡村建设之外，难以充分发挥群众的主体地位，最终政府在和美乡村建设中唱独角戏。在这种情况下，人居环境整治执行中因为缺少了村民这个主体的支持以及广大村民群众智慧贡献，

---

① 习近平：《加快建设农业强国 推进农业农村现代化》，载《求是》2023 年第 6 期。

从而导致乡村绿色发展内源性活力和动力不足，难以获得长久发展。

其次，完善农村环境整治机制。农村人居环境整治的长效管理机制不健全，回潮问题突出。一方面，自身资源存在差异。呈显著对比的是，拥有特色优质资源的村镇，因为先天优势以及在发展前期投入的资源要素多，投入精准度高，所以人居环境整治的效果的推进速度明显较快。与之相比，大多数行政村其资源禀赋较为一般，缺少特色的资源，加上资源投入分散，导致发展存在明显的滞后性；另一方面，缺乏有效的制约措施。广大农村地区仍具有熟人社会的特质，村民习惯于按照人情、面子、道德的判断来行动，村庄管理的内在逻辑尚缺乏刚性的法律、规则的支撑。目前调动村民参与乡村治理的积极性，主要依靠宣传、奖励等正向引导方式，缺乏倒逼机制，比如对宅前屋后乱堆放、垃圾不分类、公共区域搭建棚架、自留地荒废等问题，没有硬性处罚的抓手，部分村规民约、管理制度形同虚设。

最后，加快转化农业生态价值。乡村是生态涵养的主体区，也是生态资源的聚集区。绿色产业化是乡村发展的“绿色动能”“良好的生态环境和优质的生态产品是乡村最宝贵的资源和最具竞争力的优势”。在乡村产业振兴中，如何依托生态资源禀赋开展生态化经营，进一步激活生态要素资源，使得生态资源转化为生态产品，实现生态价值的转换，是摆在各地乡村振兴中的关键问题。

应对农业农村生态发展难题，铜官山村始终坚持“生态优先 绿色发展”的理念，以绿化、美化、文化“三化”结合，绿地、林地、湿地“三地”同建，自然美、林草美、田园美“三美”叠加，经济效益、生态效益、景观效益“三效”兼顾为原则，合理规划布局四旁地绿化美化，科学实施河道驳岸生态化建设，因地制宜创建了省级绿美村庄，村庄绿化覆盖率达 41%。2016 年海虞镇启动铜官山生态保护修复工程，同时整个铜官山村全面铺开“美丽乡村、幸福田园”建设，呈现农业强、生态优、环境美、百姓福的苏州全域旅游示范景区。在人居环境长效整治过程中，强化党员示范，全面带动。全面落实党员干部“宅前屋后三包”等制度，发动老党员、村组长等积极参与村庄建设和长效管理工作，为村民树立榜样，以实际行动带动村民参与村庄管理，着力消除以往“政府干、群众看”的被动局面。同时，利用生态资源禀赋做足发展大文章，如将农事活动、农耕文化与农业知识相结合，推出各项亲子农事体验活动，利用遍山茶园打造茶禅文化景观，发展生态休闲旅游观光产业。如今铜官山拾级而上，山上是树木葱茏，山腰是垄垄茶园，山下是连片农田。独特的田园风光、自然景观和古朴淳美的民风，吸引各地游客到访，生态效益实实在在地转化为了经济效益，“绿水青山”换来了“金山银山”。

三、一体推进乡村全面振兴的“铜官山行动”

（一）政策赋能：坚持乡村振兴战略的科学指引

党的二十大提出要全面推进乡村振兴，强调要加快建设农业强国，扎实推动乡村产业、人才、文化、生态、组织振兴。新时代习近平总书记关于推进乡村振兴的重要论述，深刻回答了为什么要振兴乡村，怎么实现振兴乡村等一系列重大理论和实践问题，为全面推进乡村振兴提供了理论指引和行动纲领。在基层治理方向上，铜官山村不断探索在政治引领下的政治、法治、德治、自治、智治“五治融合”的社会治理新路径，构建共建共治共享的社会治理格局；在产业振兴上，形成集规模生产、观光旅游、农产品种植研发展示、创业孵化、农庄体验为一体的产业新业态；在生态文明建设上，始终坚持“绿水青山就是金山银山”的发展理念，不断推进国土绿化高质量发展；在文化传承上，2023 年 7 月，习近平总书记在江苏考察时强调：“江苏要加强优秀传统文化的保护传承和创新发展，积极参与建设长江和大运河两大国家文化公园”。铜官山村借助国家长江文化园铜官山展示点的建设，进一步挖掘城垣遗址、摩崖石刻、吴方言馆、乡村振兴馆等历史文化内涵。

铜官山村作为推进中国式现代化背景下乡村振兴的样本，其发展成效离不开中共中央在农业农村发展不同阶段实施出台相应政策给予的明确指导和指引，通过政策护航深化乡村振兴的创新实践，反过来乡村振兴的创新实践又为政策制定提供典型经验和现实依据。从党的十九大报告首次提出乡村振兴战略，到 2021 年发布《中华人民共和国乡村振兴促进法》，使我国推进乡村振兴战略实现有法可依。面对乡村振兴战略实施过程中遇到的瓶颈和挑战，针对乡村振兴金融政策、用地政策、乡村文化和旅游带头人支持项目、农村产权流转交易规范化试点、乡村绿化美化行动、数字乡村标准化建设、农业人才队伍建设、高标准农田建设等领域适时制定管理办法、指导意见、发展规划等，为乡村产业振兴、人才振兴、文化振兴、生态振兴、组织振兴进行政策赋能。

（二）理念赋能：拓展新苏南模式的乡村内涵

发展是解决我国一切问题的基础和关键。苏南地区作为改革开放的践行者和见证者，曾经创造区域经济发展的奇迹，关键因素是理念赋能，把发展作为解决一些问题的根本。“新苏南模式在发展理念上坚持走共同富裕的目标，在发展动力上坚持自主创新发展。”① 其核心是走出一条发展创新型的新模式。铜官山村在推进乡村全面振兴过程中，始终坚持把发展作为统筹各种资源的根本推动力。在消费下乡的大背景下，围绕城乡资源要素互动，铜官山充分发挥名山、名茶效应，完善“吃、住、行、游、购、娱”要素保障，加强智慧景区建设，探索“数字经济 + 流量经济 + 网红经济 + 研学经济”的多元业态。虞盛农产品专业合作社走出了创新探索“稳定粮食生产”的虞盛模式，先后获得“国家级农民合作社示范社”“全国农民合作社加工示范单位”等荣誉。以自然生态为基调，将农村集体经济组织与多元市场主体有效联结，打造出集游、学、赏、鉴等为一体的文旅综合体，成为苏州地区有名的乡村旅游网红打卡地。

改革开放以来，经济发展创造了苏南模式，推动了农村工业化和城镇化，实现苏南农村地区的率先发展。当前的苏南模式有了进一步的发展，其核心是走出一条创新型经济的新模式。无论苏南模式还是新苏南模式，其本质都是把发展作为解决一切问题的关键，在发展中进行创新、改革、示范引领。铜官山村作为乡村振兴的新生代典型样本，正是以发展作为保障和改善民生的重要抓手和牵引，是新苏南模式的乡村样板中农文旅融合发展的典型代表。在常熟以及苏南地区还有更多乡村秉承发展理念赋能现代化发展。例如，常熟市李袁村作为文化振兴的典范，也是古村落活化利用，传承创新的典型，拥有“全国农业旅游示范点”“全国特色景观旅游名村”“中国楹联文化村”等亮丽名片。通过对传统民居修缮、驳岸修复、环境整治等，让历史遗

---

① 成长春：《苏南模式及其转型的导向意义》，载《中国社会科学报》2018 年 12 月 18 日，第 5 版。

存与现实生活共融，让村落景观与人文内涵共生，使传统村落焕发出新的生命力。再如，宜兴市的丁蜀镇积极探索特色产业带动乡村建设创新路径，促进以紫砂为代表的艺术陶瓷产业持续繁荣，打造“陶式生活、自在丁蜀”文旅新标杆，拓展“陶式生活”内涵，构建田园乡村与现代城镇各具特色、交相辉映的城乡发展新形态，入选江苏省乡村振兴示范乡镇创建名单。

（三）人才赋能：发挥扎根型书记“领头雁”作用

人才振兴是乡村全面振兴的重要基础，在推进乡村振兴战略中村级带头人发挥着“中流砥柱”的作用。铜官山村从一个默默无闻的落后乡村发展成为远近闻名的乡村振兴典型，背后离不开村党组织领导集体的示范带动作用，更离不开村党委书记程刚的担当作为和有效引领。面对周边乡村发展的火热态势，2019 年，程刚主动向镇党委请缨，回到铜官山工作。在他的带领下，村党委转变思路，充分发挥基层党组织的引领作用，有效推动乡村全面振兴。一是在村级产业兴旺上拓思路。程刚积极谋划、抢抓先机，通过成立虞盛合作社放大农业生产的规模效应。实施筑巢引凤战略计划，改造新建高标准厂房扩大村集体经济。通过农文旅融合发展提升村民收入来源，如今成为海虞镇经济强村；二是在改善人居环境上做文章。程刚带领村“两委”人员，高质量推进田园乡村建设，持续推进“苏州特色康居乡村”工程建设；三是在发展惠民共享成果上出实招。程刚提出在网格深处构筑红色先锋站，实现与群众“无缝”对接，投资 1000 多万用于建设党群服务中心、村级集体文体休闲娱乐场所及开展文体活动。为所有村民购买重疾险，60 岁以上村民享受免费农村合作医疗，每年举行送戏下乡、送医下乡活动，切切实实做到惠民利民。

在常熟乃至苏州地区，农业农村发展在全省乃至全国处于第一方阵，都离不开像铜官山村程刚这样的扎根型书记的引领和带动。如常熟市蒋巷村的“老当家”常德盛书记，从23岁担任生产大队大队长支部书记直到78岁卸任，50多年的坚守扎根在蒋巷，他把“让村民过上好日子”作为最大追求、作为对组织最好的回报，凭着“天不能改，地一定要换”的豪情，带领蒋巷村走出了一条“农业起家、工业发家、旅游旺家、生态美家，精神传家”的发展之路；张家港市永联村的“老吴书记”吴栋材和“小吴书记”吴惠芳形成两代人的接续和传承。吴栋材当年怀着带领农民脱贫致富、让农民过上城里人日子的初心，冒着割资本主义尾巴的风险，放弃镇上当领导的前途，带领永联百姓挖塘养鱼、兴办钢厂、创业致富，将永联从一个苏南地区最小、最穷的贫困村完成了一个苏南典型明星村的华丽转变。“小吴书记”放弃部队师级军官身份，自主择业回家乡，成为一名村党委书记，用先进的管理经验和现代化的发展理念把永联村打造成水乡小镇、花园工厂、现代农庄，展现了现代化的乡村形态。苏南地区像常德盛、吴栋材、吴惠芳这样的扎根书记还有很多，他们在推进乡村振兴战略中发挥了“中流砥柱”的作用，通过夯实村级党组织服务群众的基础、加强农村基层党组织，所在村集体经济稳步发展、在改革的浪潮中蹚出了农业农村创新发展的有效路径，为推动乡村振兴战略的实施奠定了坚实的基础。

（四）精神赋能：激发“四千四万”精神斗志

“四千四万”（踏尽千山万水、吃尽千辛万苦、说尽千言万语、历尽千难万险）精神曾是苏南地区乡镇企业异军突起的强大精神动力，更是激励苏南地区改革进程中敢闯敢拼、率先发展的精神密码。铜官山村从一个十里八乡有名的“穷村、落后村”发展成为环境美、经济强的明星村，无不体现了铜官山人的“敢”字，铜官山人的“敢为、敢闯、敢干、敢首创”道出了铜官山人逢山开路、敢于担当、改革创新、开拓进取的智慧，也是“四千四万”精神的生动体现。铜官山村原名七峰村，因为村里有七座山峰而得名，这里曾经交通闭塞、经济落后，村民依靠开山采石谋营生，七座山峰曾被挖去四座半，老百姓的日子也没好起来。在一穷二白背景下如何求发展，铜官山人敢于把不可能变为可能。山体千疮百孔，如何挖掘利用山体资源？铜官山村开启向生态求效益的“养山”之路，土壤加固、播撒草种、植树栽林，不遗余力修复山体。“靠山吃山”，在铜官山村党委带领下开垦种植500多亩茶树，经过打造后的茶山成为打卡的网红景点，七峰茶叶也应运而生，不仅组建海虞茶叶公司，还逐渐走上品牌化道路。借助乡村旅游发展，把体验手工制茶工艺作为研学游项目之一，在延伸产业链同时向外界推介茶文化。

“四千四万”精神激励着苏南地区摆脱改革开放初期贫困面貌，实现一个又一个乡村振兴的创举。同属于常熟市的蒋巷村，过去因地势低洼，自然环境非常恶劣，“十年九涝一旱荒”，穷则思变，变则通，通则久。老支书常德盛带领全体村民，用一根扁担两只筐，开新河填高低洼地、开挖深沟筑田岸，将1700亩低洼地填高了1米多，从吃返销粮一跃成为苏州市的售粮状元。开办乡镇企业，没有经验，蒋巷村的领导干部进车间、学技术、跑市场、找销路、引人才，凭着“四千四万”精神，产品逐渐打开了市场。如今宜工则工、宜农则农、宜商则商的发展模式，不仅为推进乡村振兴战略捧出了“蒋巷样本”，也为我们提供了宝贵的精神财富——“蒋巷精神”，这更是乡村振兴建设中涌现出的改革创新、与时俱进精神的缩影；常熟市梦兰村，在党委书记钱月宝的带领下，从 8 根绣花针起步，办工厂、找销路、促转型，多方奔走、寻求支持、整合人才、技术、资金，将一个村办作坊绣成了品牌价值近 260 亿的现代化企业，正是“四千四万”精神和创新创业精神的实践，把一个江南村庄绣成了闻名全国的首批“中国十佳小康村”。站在新的发展起点，更要发挥和践行“四千四万”精神，让“千万工程”更加深刻、更加鲜活，走出乡村和美共富的生动画卷。

四、探索“新乡土时代”的乡村全面振兴路径

农村改革是我国全面深化改革的重要组成部分，是乡村振兴的重要法宝。新时代的铜官山乡村振兴实践，通过系统的改革行动，激活多元主体、激发动力，开创了苏南农村发展的“新乡土时代”，这得益于贯彻落实习近平总书记的“三农”思想，并以此指导自身的实践，为推进全国的乡村全面振兴实践提供了重要的示范作用。

（一）政治保障，加强和改善党对“三农”工作的全面领导

习近平总书记在 2022 年的中央农村工作会议上指出：“必须坚持党领导‘三农’工作原则不动摇，健全领导体制和工作机制，为加快建设农业强国提供坚强保证。”这一重要指示精神，为新时代扎实做好“三农”工作，推进乡村全面振兴提供了根本遵循。在探索乡村全面振兴实践中，要始终坚持党的引领和号召，一方面，强化基层党组织的

政治功能。基层党组织作为农村基层组织的核心，是落实和执行乡村振兴战略的政治优势和核心保障。要通过党组织自上而下的传导，将党中央关于乡村振兴的战略目标和规划措施不折不扣地贯彻落实，为乡村振兴发展提供坚实的政治保障；另一方面，强化基层党组织队伍建设。选优培育村级党组织“领头羊”，党支部书记能否发挥出示范引领作用，激发基层的强大战斗力和活力，决定着乡村振兴实现的速度、质量和水平。夯实村党委和党支部的组织力量，充分发掘、培养、感召行家里手充实到基层党委班子中，形成治理有效的组织保障。

（二）产业发展，扎实推进乡村振兴提质增效

着力提升乡村振兴的发展质量。高质量发展是全面建设社会主义现代化国家的首要任务。从推动高质量发展的要求来看，要扎实推进乡村振兴提质增效。一是强化科技和改革双轮驱动。加快破解产业科技难题，把握农业科技发展主动权。推进农村土地流转模式创新，最大效应发挥土地价值。健全城乡融合发展体制机制，提升城乡基本公共服务一体提升、优质共享；二是产业事业并举，构建宜居宜业和美乡村。打造好“农业 + 电子商务”“农业 + 旅游”“农业 + 文创”“农业 + 康养”“农业 + 服务”等模式创新，锻造农业产业发展新优势。学习运用“千万工程”经验，突出“宜居”，大力推进人居环境整治、生态环境优化、人文环境营造三项提升工程，使农民富农业强农村美的成果更加凸显。

着力拓展农民增收致富新路径。实现全体人民共同富裕的现代化，关键在于持续增加农民收入。乡村振兴，关键是产业振兴。只有产业兴旺了，农业经营才能提升效益、成为有奔头的产业，农民才能增收

致富、成为有吸引力的职业，农村才能留住人、成为安居乐业的美丽家园。一是推动农业产业链向纵深发展。农业是农民致富的基础和根基，要充分拓展农业发展链条，做强农产品深加工，打响一批特色农产品品牌，不断提高农产品的产业附加值；二是积极培育新型农业经营主体。加快推进农村劳务合作社多元化、规范化发展，拓宽农村居民就业渠道。以“农业龙头企业 + 合作社 + 家庭农场”模式，组建农业产业化联合体，有效促进小农户与现代农业发展有序衔接；三是做足“农业 +”融合发展大文章。充分挖掘农业农村的历史和文化资源，有效促进农村一二三产融合发展，大力发展休闲观光、生态旅游、文化体验、健康养生等新业态，释放产业横向融合和一体化的巨大能量。

（三）治理创新，积极推进乡村治理共同体建设

党的二十大报告指出：“人民民主是社会主义的生命，是全面建设社会主义现代化国家的应有之义。”把全过程人民民主作为实践中国式现代化的本质要求之一，强调“全过程人民民主是社会主义民主政治的本质属性，是最广泛、最真实、最管用的民主”。乡村治理为乡村的产业发展以及乡村建设提供组织保障和精神动力，推进乡村治理的现代化，既要体现党、政、经等各类基层组织的合力，更要彰显“以人民为中心”的发展立场。一方面创新实践村民自治形式。丰富拓展百姓议事厅等民主实践，创新协商议事形式和载体，真正实现民事自己议，事务大家管。另一方面深化“五治融合”，提升治理效能。通过政治引领聚合力，强化服务担当与保障；筑牢“自治”根基激活力，绘好基层治理“同心圆”；提升“法治”保障强定力，织好网络“安全网”；发挥“德治”教化作用，助推乡风文明；善用“智治”支撑

造动力，强化治理服务“便利圈”。

此外，强化数字赋能推动乡村治理现代化。乡村治理共同体的建构需要充足的资源支撑，数字技术在实现乡村治理资源增值方面起着关键作用。首先，强化认识，重视和加强数字技术在乡村生产生活中的整体建设，既要注重推动区域之间在数字技术、资源、人才等方面的相互协作与交流互动，又要注重建立和健全促进城乡之间要素平等交换和双向流动的相关机制，保障村民作为平等市场主体参与要素交换的基本权益；其次，将数字技术与乡村的日常生活进行紧密连接，宣传和引导乡村居民参与数字乡村治理的积极性，提高其数字素养。例如，搭建起村级数字平台，并且与镇级服务平台进行有效对接，以数字平台收集农民的实际生活需求，进行分门别类的管理和推进，通过日常“微项目”资源的“微供给”，提升服务的精准性和服务手段的有效性，打通服务链条的“最后一公里”；最后，在安全治理领域，借助数字技术，搭建数字乡村网格化综合监管平台，在企业安全生产、公共风险应急响应、应急资源快速调配等方面加强智能感知预警、提前研判和快速响应落实，实现智能化防控全覆盖，以高效协同、精准对接、互通共享优势构筑起村级乡村治理安全网，推动基层社会治理手段由“管控”向“智控”转变。

（四）文明焕新，精神文明与物质文明协调发展

繁荣发展乡村文化事业和文化产业。党的二十大报告指出，中国式现代化是物质文明和精神文明相协调的现代化，其本质要求是丰富人民精神世界。乡村振兴的五大振兴中，文化振兴是乡村振兴的灵魂，这与中国式现代化的本质要求具有内在一致性。首先，激活乡土文化

活力。充分挖掘本土文化资源，加强对乡村文化的传承、创新和发展，有效发挥传统乡土文化的凝聚价值和治理功能，建立起乡村文化共同体，增强农民回归乡土文化的认同感和自豪感；其次，促进文化产业与农业、旅游业等深度融合发展。集合逛吃、漫游、研学、体验、旅居、共创等多种品类，将在地文化与创意设计相结合，打造一幅幅乡野极致的生活场景，实现以文化产、以文兴业；最后，培塑乡村文化新业态。充分利用数字技术赋能文化事业和文化产业的发展，因地制宜打造符合当地文化特色的数字文化产品和体验项目，将乡村潜在资源转化为市场接受的文化产品，通过数字化的创作、传播和展示方式，将书香文化、茶文化、农耕文化等通过“乡村剧场”演绎动情的乡土故事。

着力焕发乡村文明新气象。焕发乡村文明新气象是基于“乡村振兴，既要塑形，也要铸魂”的深刻认识而明确的。将农民精神生活的丰富和发展以及乡村社会文明程度的提高作为促进中国式现代化中关注“人的全面发展”的重要价值旨归，有别于资本主义以物为本的现代化之路，既可以为乡村振兴提供精神源泉，也可以进一步提高乡村的凝聚力，实现乡村五大文明全面协调发展。首先，充分挖掘和弘扬中华优秀传统文化。通过充分挖掘乡土文化价值，有效发挥乡村优秀传统文化作用，使之内化为村民的精神风貌，增强村民的文化认同，从而实现乡村精神文明的现代化；其次，支持乡村自办群众性文化活动。积极组织群众开展思想政治宣讲、广场舞、村晚、村超等群众性精神文明创建活动，让广大农民群众在亲身参与中感受文化的魅力，经受文明洗礼；最后，拓展新时代文明实践中心载体功能。通过打造文化活动中心、乡村书店与图书室等平台，为乡村社会生活注入文化力量。

（五）生态优先，建设生态宜居的和美乡村

实现人与自然和谐共生的现代化，关键在于实现绿色发展和生态宜居。良好生态环境是农村最大的优势和最宝贵的财富，生态环境越好，对生产要素的吸引力、凝聚力就越强。

原生态保护乡村生态系统。习近平总书记多次强调，要“像对待生命一样对待生态环境”。尊重乡村传统形态和肌理，维护村庄固有风貌和原住民的风俗传承，保持乡村的原真性。将古村落的开发融入展览、体验、文创、休闲、餐饮、住宿等多功能复合模式，提升古村落的知名度，推动乡村文旅产业发展。对乡村生态资源进行整体保护、系统修复和综合治理，让绿水青山成为乡村和谐发展的底色。

现代化改善乡村人居环境。聚焦农村宜居宜业，以村庄的净化、绿化、亮化、美化为导向，坚持建管用并重，着力构建起系统化、规范化、长效化的政策制度和推进机制，持续深化“一村一品”“一村一景”建设，全力打造乡村“美丽窗口”。建立健全分类推进机制，充分考虑区域生态、经济、社会等因素的差异性，建立起与当地经济发展水平和人文环境相适应的推进办法。建立健全技术支撑机制，既要鼓励科研机构加大新技术新产品研发，推进乡村生活污水、垃圾处理技术升级，又要强化全程质量监管。建立健全村民参与机制，让乡村居民真正成为人居环境整治的参与者、建设者和监督者，提高村民在人居环境整治中的“主人翁”意识。建立健全长效管护机制，形成一套有制度、有标准、有队伍、有经费、有监督的农村人居环境整治长效管护机制。建立健全社会监督机制，通过“随手拍”“红黑榜”等活动建立监督奖惩机制，实现“人人监督人居环境”的良好氛围，激发

村民有效参与的内生动力。

活态化利用乡村生态价值。“优美的自然环境本身就是乡村振兴的优质资源，要找到实现生态价值转换的有效途径，让群众得到实实在在的好处”[①]。要充分发挥乡村生态涵养与休闲观光的价值功能，把绿色低碳生态资源转化为生态产品，不断推进乡村生态产业化和产业生态化。

---

① 习近平：《解放思想开拓进取扬长补短固本兴新 奋力谱写中国式现代化江西篇章》，载《人民日报》2023 年 10 月 14 日，第 1 版。

第二章

绘出“强富美高”的乡村新场景

党的二十大确立了建设农业强国的重大战略目标，全面推进乡村振兴是建设农业强国的重要任务。江苏作为农业大省，高质量推动农业农村现代化建设，加快建设农业强省，是推进中国式现代化江苏新实践的必然要求。党的十八大以来，习近平总书记对江苏工作的每个重要指示，每次重要讲话，都饱含着对江苏“三农”工作的殷切期望。他亲自擘画“强富美高”新江苏宏伟蓝图，提出推动五个迈上新台阶的重大要求，其中就有全面推动现代农业建设迈上新台阶。踏上现代化新征程，江苏建设农业强省，有重农强农的基因，有门类齐全的农业产业类型，未来必将绘出彰显历史底蕴，引领乡风文明、令人向往的新时代鱼米之乡。

图2-1　铜官山村傅家宕稻田画

一、乡村振兴助力“强富美高”新江苏建设

2014 年 12 月，习近平总书记在江苏考察时，希望江苏牢记“两个率先”光荣使命，在推动经济发展、现代农业建设、文化建设、民生建设、全面从严治党等五个方面迈上新台阶，努力建设经济强、百姓富、环境美、社会文明程度高的新江苏。这一重要讲话，是习近平总书记着眼中国特色、时代特征、江苏特点擘画的宏伟蓝图。经济强、百姓富、环境美、社会文明程度高四个方面构成有机统一的整体，体现了创新为第一动力、协调为内生特点、绿色为普遍形态、开放为必由之路、共享为根本目的的新发展理念和高质量发展要求，与中国式现代化的根本特征与本质要求具有内在的一致性。

在实现第一个百年奋斗目标阶段，“强富美高”新江苏建设集中体现在高水平全面建成小康社会上。新时代的十多年来，江苏以新思想为引领，完整准确全面贯彻新发展理念，在经济、民生、生态、社会文明等诸多方面的建设都呈现出蓬勃发展的良好态势。经济强省的实力彰显。从宏观经济数据来看，十年来全省地区生产总值连跨 6 个万亿元级台阶，从 2014 年的 6.51 万亿元跃升至 2023 年的 12.82 万亿元。13 个设区市全部跻身全国百强，5 个城市经济总量过万亿元。在产业布局上，大力推动战略性新兴产业集群发展、制造业智能化改造、数字化转型、网络化连接等。企业创新活力持续激发，高新技术企业总数不断攀升，科技型中小企业如雨后春笋般涌现。在经济增长动力上，投资、消费、外贸“三驾马车”协同发力。发挥重大项目牵引作用，民间投资活力充分激发，消费市场持续繁荣。百姓生活的富裕安康。

居民收入水平大幅提高，居民人均可支配收入从 2.72 万元增加到 5.27 万元，城乡居民收入比从 2.30 ：1 降至 2.07 ：1，是城乡收入差距最小的省份之一[①]，村均集体经营性年收入超过 230 万元。就业形势稳定向好，各地政府积极出台政策鼓励创业就业，加大力度健全就业促进机制和就业公共服务体系。在教育、医疗、养老等民生领域的投入持续加大，教育资源更加均衡优质，医疗保障体系更加完善，养老服务设施不断增加和优化。乡村振兴战略深入实施，农村基础设施建设不断加强，特色农业、乡村旅游等产业蓬勃发展，农民的钱袋子鼓起来了，生活富起来了。城市的生活品质也在不断提升，商业、文化、休闲等设施日益丰富，为居民提供了更加便捷舒适的生活环境。生态环境的优美宜人。在经济总量接近翻一番的同时，单位 GDP 能耗、碳排放强度分别下降 26.4%、30.9% 左右[②]。空气质量显著改善，连续 3 年达到环境空气质量二级标准。长江干流江苏段水质连续 6 年保持Ⅱ类，太湖连续 16 年安全度夏、水质藻情创 16 年来最好水平。全省各地积极推进生态修复和环境保护工程，湿地保护力度加大，城市公园绿地增多，生态廊道建设持续推进。绿色生产方式和生活方式逐步深入人心，企业更加注重环保生产，居民的环保意识不断增强，绿色出行、绿色消费等成为新时尚。社会文明程度的高度提升。13 个设区市全部创成全国文明城市。在文化建设方面，大力保护和传承优秀传统文化，积极参与建设长江和大运河两大国家文化公园。公共文化服务体系不断完善，图书馆、博物馆、文化馆等文化设施日益普及。在科技创新氛围营造上，鼓励创新、宽容失败的社会氛围浓厚，为科技人才的成

---

① 参见《奋力谱写“强富美高”新江苏现代化建设新篇章》，新华报业网，https://www.xhby.net/content/s660be311e4b0a2749b8700bf.html，2024 年 4 月 2 日。

② 同上。

长和创新创造了良好的环境。同时，志愿服务精神广泛传播，志愿者队伍不断壮大，在社会治理、应急救援、文化活动等诸多领域发挥着重要作用。在社会治理方面，积极推进社会治理现代化，健全城乡基层治理体系和乡村治理协同推进机制，推进社会治理数字化。“枫桥经验”“浦江经验”得到弘扬，基层治理水平不断提升。

苏州是邓小平“全面小康”构想的提出地、验证地，无论是在全面建成小康社会阶段，还是在建设社会主义现代化国家的新阶段，都是起到率先探路，起到了示范引领作用，成为“中国道路”“中国奇迹”的重要展示地。“强”的基础愈发坚实。苏州经济持续稳健增长，地区生产总值连创新高，产业结构不断优化升级。先进制造业蓬勃发展，电子信息、装备制造、生物医药等产业集群优势凸显，在全球产业链中的地位日益重要。科技创新能力显著增强，众多高新技术企业汇聚，研发投入持续加大，创新成果不断涌现。苏州工业园区、高新区等产业园区成为经济发展的强大引擎，吸引了大量国内外优质项目和高端人才。“富”的成果更加丰硕。居民收入水平大幅提升，城乡居民人均可支配收入位居全国前列，收入差距逐步缩小。社会保障体系日益完善，教育、医疗、养老等公共服务水平不断提高。就业机会充足，创业环境优越，人民群众的获得感、幸福感不断增强。农村发展焕发新活力，农业现代化稳步推进，特色农产品品牌打响，乡村旅游蓬勃兴起，农民的钱包越来越鼓。“美”的画卷徐徐展开。生态环境质量显著改善，蓝天、碧水、净土保卫战成效明显。太湖、阳澄湖等水域的治理取得重要进展，水质持续好转。城市绿化覆盖率不断提高，公园绿地遍布城乡，市民出门见绿、移步换景。历史文化名城保护工作扎实推进，古建筑、古街区得到精心修缮和保护，传统文化与现代文明交相辉映。“高”的品质充分彰显。社会文明程度显著提升，社会主义核心价值观深入人心，市民文明素质和城市文明程度不断提高。文明城市创建工作深入开展，志愿服务活动广泛开展，形成了人人参与、共建共享的良好氛围。公共文化服务体系日益健全，图书馆、博物馆、文化馆等文化设施丰富多样，文化活动精彩纷呈。文化产业繁荣发展，昆曲、评弹等传统艺术传承创新，文化与旅游深度融合，为城市发展注入了强大的精神动力。

新阶段新使命，“强富美高”现代化建设的内涵再深化。“强”，是经济实力的强大，是科技创新的强劲，是产业体系的强健。“强”不仅意味着经济总量的增长，更体现在经济结构的优化、产业竞争力的提升和创新能力的突破。党的二十届三中全会进一步强调，坚持高质量发展是全面建设社会主义现代化国家的首要任务，以新发展理念引领改革，加快构建现代化经济体系，培育壮大新兴产业，因地制宜发展新质生产力，推动传统产业转型升级，提升产业基础高级化和产业链现代化水平。在科技创新方面加大投入，集聚创新人才，优化创新生态，让江苏成为创新的高地、创业的热土。“富”不仅是物质的富裕，更是精神的富足，其新内涵要体现公共服务的优质均衡、社会分配的公平正义以及人的全面发展上。要进一步提高居民收入水平，缩小城乡、区域、群体之间的收入差距，让发展成果更公平地惠及全体人民。要进一步丰富人民的精神文化生活，加强教育、文化、体育等公共服务供给，提升全民素质，让人民不仅“口袋富”，更要“脑袋富”。“美”不仅是生态环境的美丽，还有城乡风貌的美好，增添了绿色低碳发展、人与自然和谐共生要求。必须坚定不移地走绿色发展之路，加强生态保护和环境治理，推动能源结构优化，实现“双碳”目标。打造美丽宜居的城市和田园风光的乡村，让江苏大地处处展现出绿水青山、蓝天白云的美丽画卷。“高”是社会文明程度的提升，意味着更高水平的社会治理、更深厚的文化底蕴和更广泛的文明共识。我们要弘扬社会主义核心价值观，传承中华优秀传统文化，培育文明新风尚，提高全社会的文明素养。加强法治建设，创新社会治理，营造和谐稳定的社会环境，打造文明和谐、秩序井然的典范。

二、高起点绘出“强富美高”的乡村新景

地处苏南地区的常熟市铜官山村，在新时代的乡村振兴实践中，立足人多地少、资源约束大的实际情况，充分发挥村庄区位交通、山水自然、人文历史和产业发展优势，聚焦“优产业”“理生态”“续人文”“创特色”的发展定位，坚定不移以创新驱动、共建共享、绿色协调、开放发展来推进乡村全面振兴，以“铜官山之变”高起点绘出“强富美高”新江苏的“乡村篇章”。

图2-2 铜官山村民宿

（一）乡村产业振兴助力“经济强”

铜官山村盘活资产资源、创新利益联结，立足现代农业和乡村休闲旅游相结合的定位，在不断探索、创新、实践中逐渐形成以水稻种植、设施农业、乡村旅游产业为主，茶树、花卉、林果种植为辅的现代农业体系，通过一二三产业融合发展，不断推动村级集体经济高质量全面发展。

农业为基，科技助力一产腾飞。在农业种植方面，铜官山村因地制宜调整产业结构，逐步形成了中部山地发展茶业，南北两端建立千亩农场，东部开发千亩苗木和花木培育基地的农业格局。同时以打造优质稻米产业为主导。依托“海虞 5G+ 优质稻米高质量发展示范区”，利用先进的技术如土壤墒情监测系统、虫情监测系统等，实现对农田的精准化管理。积极引入国际安全标准管理体系，从源头保障农产品质量。联结周边邻村农户创建常熟虞盛农产品专业合作社，建立庞大的种植基地和引进先进的烘干、加工设备，对水稻的种植、加工、销售等全流程进行监测，提升农业生产效率和农产品附加值。

二产延链，提升农产品加工深度。一方面，铜官山村在粮食加工环节加大投入，建立了现代化的稻谷烘干车间和大米精加工车间，日产大米量可观，实现了从稻谷到大米的高效加工转化。另一方面，以江南食谷项目为依托，规划新建申福牧场乳业乳品加工，对农产品进行深度开发利用，将农产品加工与工业自动化、智能化相结合，实现一二产业融合发展，极大地延伸了产业链，为农产品的增值创造了空间。同时，铜官山村将培育发展新型农业经营主体作为重要抓手，立足本村资源禀赋和条件优势，配套成立林果、茶叶、农机专业合作社等，重点培育多家农业龙头企业。比较典型的虞盛农产品专业合作社，在不懈的坚持和努力下，已经逐渐打造成了一个具有现代、高效，融合覆盖“种、苗、粮”，“产、加、销”全链型的农业产业化经营实体，生产经营范围扩展到良种培育，肥料和农药采购供应，粮食作物种植，粮食烘干和仓储保管，大米加工和销售等领域。2023 年实现营收 2650 万元、净利润 125 万元，加工大米 4120 吨、稻麦烘干总量 12800 吨。铜官山村通过这些新型经营主体，引领全村特色农业规模化、产业化发展。

文旅增色，推动三产蓬勃兴起。铜官山村拥有丰富的自然和人文资源，以铜官山为核心，打造了一系列特色景点，如铜官山乡村乐园举办江苏省首届农耕体育健身大赛、“中国新农民”故事会等活动，吸引了众多游客和参与者。同时，村里规划了多样化的旅游路线，将城垣遗址、摩崖石刻等人文景观与自然景观相结合。此外，对于特色农产品瓜蒌和碧根果，不仅开发其经济价值，还将瓜蒌采摘基地、碧根果研学游产业链等作为旅游亮点，实现了农产品与旅游的深度融合，让游客在游玩的同时还能体验农事、购买特色农产品。

（二）村民收入倍增彰显“百姓富”

铜官山村聚焦共建共享，既注重增强村集体经济综合实力和竞争力，又注重激励村民立足资源禀赋创业增收、勤劳致富，不断提高生活水平。

提高居民收入，让百姓钱包更鼓。村党委坚持以习近平新时代中国特色社会主义思想为指导，教育引导党员、干部完整准确全面贯彻新发展理念，大力扶持乡村特色产业发展，着力培育和壮大农业产业化合作社，积极推进农村产业融合，凝聚起产业兴旺、农民共富的强大动能。通过农业集约化经营，扩大农业规模效益。合作社通过“政府投资、农民入社、职业经理人运营”运作模式，大幅提升村民参与的主动性和积极性。在“促农业增效、助农民增收”的目标导向下，农户得到了更多的实惠：一是入社农户能够获得每亩固定的保底收益和二次分配收益；二是入社农户购大米可享受低于市场价的结算优惠；三是现金增量股的农户可享有红利分配；四是合作社区域内的种植大户上交粮食以国家收购价结算，并实行加价收购结算；五是为当地的农民提供就业机会。带动周边农户 2529 户，实现亩产 3000 元。现在，合作社等每年可贡献村级财力约 100 万元，解决季节性就业 1000 至 1500 人次。推进电子商务进乡村，促进农副产品直播带货长效发展。一方面，铜官山村通过信息惠农服务，为村民提供了更多便利。如益农信息社发送惠农短信，让村民及时掌握相关利好政策等。这些服务不仅提升了村民的生活质量，也促进了农村经济的发展。另一方面，铜官山村积极打造农产品电商经营新业态，通过强化“数字赋能”，借助直播等方式进一步拓宽农产品销售渠道，增加农民收入。

缩小收入差距，让村民集体共富。对于村民与村集体而言，共富意味着打破贫困的枷锁，实现经济的繁荣、社会的进步和生活的幸福。这不仅是物质上的富足，更是精神上的充实和满足。第一，把强村和富民统一起来。铜官山村曾经是一个依靠采石发展的村庄，生态环境遭到严重破坏。后来痛定思痛，停止采石。在村委会、企业和村民的共同努力下，铜官山村通过多主体的参与，多元化的发展，逐渐走出了一条绿色生态产业的振兴之路。铜官山村成立了苏州同官山绿色生态农业有限公司、苏州同官山乡村旅游发展有限公司等专业的运营公司。通过招聘旅游开发、农业技术、市场营销等多个领域的专业人才，进行专业的市场化运营，发展铜官山村特色旅游产业和特色农产品种植等产业，不仅让村庄的生态环境得到了极大改善，还吸引了大量游客前来观光旅游，村民的收入大幅提高，村集体的经济实力也不断增强。加强农村基础设施建设。改善道路交通、水电通信、物流配送等基础设施，为铜官山村经济发展创造良好条件。基础设施的完善不仅提升了村民的生活质量，也吸引了外部投资，促进铜官山村产业发展，推动实现强村富民目标。第二，把人才和发展结合起来。铜官山村把发展潜力转化为发展优势，盘活资产资源、创新利益联结、推动村级集体经济高质量全面发展。村民积极参与也是提升全村竞争力的重要抓手。铜官山村聚焦引才育才，联合镇、村企业，结合本地特色制定人才引进计划，从技术、资金、人员等多方面为创业者提供有力保障。不断完善人才培养体系，分层分类对农村青壮年、返乡农民工、回乡大学生等群体进行有针对性的培训，提高村民的劳动技能和就业能力，使他们能够更好地适应产业发展的需求。同时，鼓励村民以土地流转、资金入股、劳动力投入等形式参与产业发展，让村民成为产业发展的主体，共享产业发展带来的收益。

兜好民生底线，让保障网络更密。强化社会保障体系。为加强农村社会保障体系，铜官山村制定和完善一系列村级特有的社会保障政策，以满足农村居民不同社会保障需求。第一，设立村级社会保障基金，通过资金的集中统一管理，为村级居民提供社会保障服务。此基金可以来源于政府拨款、社会捐赠、村民自愿缴纳等多种方式，用于救助贫困家庭、重大疾病救助、灾害救助等方面的社会保障支出。第二，建立村级医疗保障制度，为村民提供基本医疗保障服务。可以通过建立合作医疗制度、村医服务站、远程医疗等方式，提高村民就医便利性和医疗保障水平。第三，鼓励建立村级养老服务体系，包括为老年人提供日间照料、社区养老服务等养老服务项目。通过发展村级养老机构和村志愿者服务团队，为老年人提供更加贴近生活和实际需求的养老服务。积极保障就业。积极创造就业机会，加大对合作社等企业的扶持，促进产业发展，增加就业机会。对村民进行有针对性的职业培训和就业服务，提高村民的就业技能和就业竞争力，尤其是加强创业培训，提升创业能力。针对返乡人员不同创业阶段，开展产生创业想法、创办企业、改善企业、扩大企业和网络创业等课程，按规定给予 300 至 1500 元的培训补贴。加强创业培训师资队伍建设，建立健全创业培训师资库。关爱特殊群体。通过建立健全“我为群众办实事”长效服务机制，不断提升广大村民的幸福感、获得感、安全感。定期开展特殊困难群体救助帮扶和妇女儿童权益保障问题专项排查整治。2023 年 6 月发起公益医疗互助项目“福村宝”，铜官山村总人数为 5575 人，缴费人数为 3359 人，参加率为 60.48%。2023 年上半年新增 1 名残疾人，慈善临时救助 5 人，总金额为 21000 元，发放 198 张常熟市特殊人群“慈善关爱超市券”，阳光扶贫慈善慰问金发放 26000 元等。

（三）生态宜居造就“环境美”

铜官山村所在的常熟市，自 2013 年起试点开展美丽乡村建设，从无到有、从有到优、由点及面，形成了一套系统化、标准化、规范化的建设体系。2019 年起，常熟市全面开展“千村美居”建设，贯彻自上而下的组织实施和自下而上的民主参与，铜官山村积极响应，扎实推进“千村美居”建设，一幅村强、民富、景美、人和的江南水墨画徐徐展开。

高站位践行绿水青山就是金山银山的发展观念。铜官山村东依 346 国道，南临羊福路，西靠三福路，地理位置优越，在二十世纪七八十年代，为了给附近建设工矿、码头、长江堤岸等提供大量石材，铜官山村曾走过一段“开山采石”的“弯路”。因为露采矿山，传统开山采石的采矿方式对山体破坏性较大，造成山体千疮百孔，残缺不全，严重影响了生态环境和自然景观，村里的生态环境因此遭到严重破坏，粉尘漫天，山林失色，村民生活在这里也是苦不堪言。

而“石头经济”用牺牲环境来换取金钱的方式实际上是一种不可持续的发展模式，环境一旦遭到破坏，再想恢复就需要漫长的时间成本。村里痛下决心不再开采矿石。到 2007 年，铜官山村关停了采石厂、砖瓦厂，注重生态发展。在政府的大力支持和村民们的共同努力下，铜官山村开始了一场轰轰烈烈的环境整治行动。按照常熟市“千村美居”建设部署要求，铜官山村积极整合周边各类资源，盘活农村集体经营性建设用地及闲置宅基地等存量资产。同时，将自然村农宅定位方案作为建设前提，强化“带方案审批”“双签约管理”举措。积极探索“组团式”翻建模式。针对布局不合理的宅基地进行腾挪归并，既满足村民住房需求，也优化了邻里关系、土地资源空间布局和村庄风貌。铜官山村重视生态环境建设，将绿化、美化、文化“三化”结合，绿地、林地、湿地“三地”同建，实现了自然美、林草美、田园美“三美”叠加。具体表现在道路交通的改善。整治前村里的道路硬化率仅为 30%，如今，经过大规模的道路建设，道路硬化率达到了 95% 以上，宽敞平坦的水泥路不仅方便了村民的出行，也为农产品的运输打开了便捷之门。路边的绿化树木整齐排列。村庄周围的山峦，经过政府引入科学的植树造林计划，村民们积极参与，如今森林覆盖率已经提升到了 70% 以上，不仅有效防止了水土流失，还为村庄增添了一道亮丽的风景线。河流的治理更是成效显著。通过关闭上游非法开采企业，加强对农业污水的处理和管控。加上清淤、疏浚等一系列措施，河流逐渐恢复了往昔的清澈。除了自然环境的改善，铜官山村还注重生态农业的发展。摒弃了过去大量使用化肥农药的传统种植方式，推广绿色有机农业。一片片果园、茶园和蔬菜基地如雨后春笋般涌现，不仅为村民带来了丰厚的经济收入，还减少了对环境的污染。

曾经的铜官山村，道路崎岖不平，尘土飞扬。每逢雨季，泥泞的小路便成为村民出行的难题。如今的铜官山村，环境优美，空气清新。蓝天白云下，青山绿水间，一幢幢崭新的民居错落有致。运用“千村美居”的长效机制，在多元主体的共同努力下，铜官山村正向具有村落肌理之美、建筑形态之美、文化内涵之美、生态环境之美、乡风文明之美的现代化新农村大步迈进。

“千村美居”工作是常熟市委、市政府为推进农村人居环境整治、提升乡村品质而实施的一项重要举措，也是体现人与自然和谐共生的一场生动实践。自工程启动以来，铜官山村积极响应，取得了显著成效，截至目前，铜官山村已建成千村美居点位 29 个，农村人居环境得到显著提升。

发挥党建引领作用，形成建设美丽家园共识。铜官山村践行人与自然和谐相处的理念，人居环境建设工程凝聚起上下一致的发展合力，强化了村民的“主人翁”精神，坚持认真贯彻落实“千村美居”长效管护要求，巩固“千村美居”工作建设成果，提升农村人居环境，优化乡村整体风貌，全力打造美丽乡村。铜官山村党委向全体党员发出“宅前屋后三包”的倡议，要求党员干部以身作则，率先垂范，从提升自家宅前屋后环境做起，自觉带头落实门前环境卫生，主动参与人居环境整治、“千村美居”长效管理、文明城市创建和垃圾分类等工作，做好示范。村两委通过制定“一把扫帚大家扫”微公约，由村委统一采购扫帚免费发放给村民及辖内企业，引导村民通过“挥好一把扫帚，”建立“破陈规陋习、扫落叶尘埃、护家园洁净、树乡风文明”的共识。

建立起长效机制，持续建设宜居家园。铜官山村不断完善长效管护机制。通过将人居环境整治、“千村美居”长效管理、文明城市创建和垃圾分类等工作写入村规民约，形成对村民的道德约束，引导村民养成良好的卫生习惯。先后出台《铜官山村“大扫除”考核办法》《铜官山村“五星级环境整洁家庭”评定考核办法》《铜官山村人居环境长效管护制度》等制度，提升农村人居环境整治提升成效，对村容村貌、垃圾处置、污水治理、设施管护等工作落实常态长效。聘请第三方保洁公司管理，制定保洁人员考核标准，明确保洁责任，保证了村容村貌的整洁有序。村里自购清扫车，每日清扫村域内的主干道，将负责主干道的清扫力量释放至田间地头，确保人居环境整治不留死角。

有效推动村民自治，考核助力全面整治。在全村范围内推行文明有“礼”积分考核办法，通过每月进行评选公示，对应星级奖励对应金额，量化村民参与人居环境治理、文明创建等村级事务的情况，让村民养成良好的生活、卫生习惯，增强村民的参与感、荣誉感。自文明有“礼”积分考核办法实行以来，村民的参与度得到了显著的提高，不少被扣分的村民纷纷来到村委询问扣分点，对标扣分点进行整改，文明有“礼”积分考核办法施行 3 年以来，人居环境工作已经从以前的村委“剃头挑子一头热”转变为“众人拾柴火焰高”的新局面。铜官山村人居环境支出费用已经累计下降 20%，取得了较好的经济效益和社会效益。积极组织党员、干部、村民开展“村庄清洁日”“净美家园我负责”等主题活动，有效提高公众对乡村环境保护的认识和重视，形成共同参与美丽乡村建设的氛围，实现乡风大提升、村容大改善、村民更满意、基层更稳定的多赢局面，营造风清气正的和谐农村环境。开展宣传评比，自我促进，充分发挥村民小组监督、协调作用，营造互看互比互学的良好氛围，培养群众形成自觉维护人居环境的意识和习惯。

培育壮大美丽经济，促进自身持续发展。铜官山村在推进“千村美居”的同时，也注重将美丽环境转化为美丽经济，推动乡村振兴和农民增收。积极引入生态农业、乡村旅游等产业，结合本地特色资源，打造乡村旅游品牌，推动一二三产业的融合发展。通过发展特色产业，不仅提高了村民的收入水平，还吸引了更多的游客前来观光旅游，为铜官山村的持续发展注入了新的活力。依托铜官山长江文化公园的建设、发展，不断拓展休闲旅游产业，设立“农耕文化体验”“未成年人社会实践”等研学游项目，打造乡村休闲民宿和农家乐，吸引游客前来参观游玩。铜官山长江文化公园被评为“常熟市首批千村美居网红打卡地”，铜官山长江文化公园已累计接待游客超 100 万人次，农文旅融合发展带来的广阔前景，让铜官山村看到了新的主导产业发展的方向。

（四）文明乡风彰显“社会文明程度高”

为满足人民日益增长的物质文化需求，提高人民生活水平，实现经济可持续发展目标，着力夯实农业基础、加强设施建设，推动全村经济发展，为全面进步奠定坚实的物质基础。在推进乡村治理上迈出了坚实的步伐。

发挥党建引领作用，凝聚共建美丽乡村力量。通过改良农业技术，推广优良品种，完善工艺流程，放大品牌效应推动农业生产蓬勃发展。引进先进技术手段，大力培育合作社等农业龙头企业，进一步促进农业现代化、工业智能化以及服务的优质化发展，推动大米、茶叶等农产品的质量和附加值大幅提高，持续深入推进“千村美居”工作，通过对全村 35 个自然村落进行逐一梳理，帮助村民提升人居环境。合理规划和利用资源，不大拆大改、不大量占地搞旅游，通过修小火车搭载儿童穿行于玉米地等，发展乡村旅游业。当前，铜官山村已经形成了以水稻种植、设施农业、乡村旅游产业为主，茶树及林果种植为辅的“现代农业 + 乡村旅游”发展模式。绿色发展不仅增加了村民的收入，同时也增强了全村的竞争力，实现了经济的持续增长和繁荣，村民获得感、幸福感显著提升。

既要“口袋富”，还要“脑袋富”。强化阵地建设，繁荣文化事业和文化产业。铜官山村立足海棠花红、农民丰收节、稻谷茶叶、南沙古城等特色，深入融合“红色元素”“农耕元素”“特产元素”“历史元素”“人居元素”“廉政元素”“爱国元素”等七大元素，因地制宜，错位布局多个功能点位。通过建设党史主题广场、长江文化主题展览馆、乡村振兴学院、国防教育展示区等功能场馆，借助互联网、移动终端等新媒体，打造宣介平台，传播党的科学理论。充分利用和保护建筑，进一步丰富人文内涵。同时，以群众需求为中心，鼓励文艺创作，支持创作反映时代精神、弘扬主旋律的优秀文化作品。常态化开展移风易俗、惠民义诊、文艺演出等活动，丰富村民精神文化生活，让文明之风吹起来。

图2-3　2020年苏州市中国农民丰收节舞龙活动

积极开展基层民主法治建设，提升村级治理水平。通过“党建引领”“民主公开”“法治建设”等举措，为村级经济发展、社会稳定、村民安居乐业营造良好法治环境。实施规范化的民主选举、制度化的民主管理、科学化的民主决策、常态化的民主评议、多样化的民主协商，确保村务公开透明化。同时，打造普法特色阵地，全面提升干部群众的法治素养和法治意识。编纂铜官山村村志，促进传统文化传承与创新。为了印证时代发展、见证历史轨迹，全方位记录乡村状况以及乡村变化，铜官山村编纂村志，以有效传承乡村风俗习惯、民间艺术、传统技艺等独特文化，进一步增强村民的认同感和归属感。

三、积极拓展乡村全面振兴的新赛道

苏南地区是中华农耕文明的重要发源地之一，自古就是令人向往的富庶之地、鱼米之乡，“苏湖熟、天下足”盛名远扬。党的十一届三中全会以来，苏南农村乡镇集体企业迅猛崛起，率先推动农村工业化和区域城镇化，成就了对中国农村发展极具影响力的苏南模式。同处苏南地区，与铜官山村相距不远的碧溪村、蒋巷村和永联村等明星村的特色发展历程，发挥出重要引领示范作用。

碧溪是苏南农村以乡镇工业立身的代表，形成独具特色的“碧溪之路”。20 世纪 80 年代，碧溪以“离土不离乡，进厂不进城，亦工又亦农，集体同富裕，镇小信息通，建设两文明”的模式享誉全国，实现了乡镇企业的繁荣发展和小城镇建设的协调推进。当时碧溪乡领头人徐世民带领大家从上海引进原料、设备和技术老师傅，在镇里和村里开办羊毛衫厂，呈现出家家忙编织、村村传机声的景象。之后还建起羊毛衫市场，将产品批发到全国各地。1992 年，常熟经开区在虞山脚下破土而出。2001 年，常熟市委市政府作出经开区“退出城区进驻港区”的重大决策，此后“碧溪之路”与经开区的命运交汇，双方融合发展。如今碧溪已形成钢铁、造纸、汽车零部件、机械加工、电子、新材料等制造业以及运输、仓储、保税等物流业两大主要产业，吸引了众多世界 500 强企业落户。

蒋巷村是位于江苏常熟、昆山、太仓三市交界的沙家浜水乡。40 多年前，它是一个“小雨白茫茫，大雨成汪洋”、穷土恶水、血吸虫流行且偏僻闭塞的地方，河沟坑洼、土地破碎，村民大多住泥墙草房。1966 年，常德盛担任蒋巷村生产队大队长后，带领村民通过农田大会战，进行水利开道、低圩改造、治水造田等工程，将千亩低洼地填高 1 米，发出“天不能改，地一定要换”的誓言，彻底改变了农业生产条件。此后更是实施储粮于田的沃土工程，走上了集约化经营、标准化生产、机械化耕作、生态化种植的道路。20 世纪 90 年代，蒋巷村抓住苏南地区乡村工业兴起的机遇，创办常盛工业园，发展工业经济。他们看准市场需求，从单一的彩钢板到轻钢、新型材料、金属构件、钢结构四大系列产品不断拓展，将村办企业发展成为如今年产值超 10 亿元的常盛集团。企业工程遍布大江南北，产品销往全国 20 多个省市区，不仅让蒋巷村集体经济实现腾飞，也为以工哺农奠定了坚实的经济基础，村里统一建造别墅，村民以优惠价格入住，到年龄的村民可免费入住老年公寓，村民福利不断提升。

与铜官山村相邻的永联村，隶属于张家港市南丰镇，由长江边近 700 亩芦苇滩围垦成陆建村，由于地势低洼，涝灾频繁，生存条件极其艰难，迁移来的 200 多户农民很多选择离开，村里负债累累，人均收入极低。1978 年，吴栋材来到永联村担任党支部书记，带领村民们挖塘养鱼，苦战 39 天挖出 50 亩鱼塘，获得了粮食丰收和养鱼收入。随后又组织村民办起了水泥预制品厂、家具厂、枕套厂等七八个小工厂，让村民看到了发展的希望。1984 年吴栋材敏锐地捕捉到市场需求，决定带领村集体办轧钢厂。1985 年克服重重困难产出 6000 多吨建筑钢材，利润达 1024 万元，永联村不仅还清债务，还跨入全县十大富裕村行列。在发展过程中，永联村坚持强大集体经济，通过发展村办企业，实现了经济的快速增长，为新农村建设提供坚实的物质基础。打造村企合一的模式，在村党委领导下，村民委员会与永钢集团形成重大项目统一决策规划、资源统一共享、干部统一调配使用且报酬待遇统一考核发放的“三个统一”机制，目标合一，发展集体企业以富民强村。在长期的探索中，永联村逐渐走出了一条工业化牵引、带动城镇化建设、进而实现农业农村现代化的发展道路。

发展出题目，改革做文章。回望过去，碧溪村依托当地的产业优势，积极引进外资和技术，推动了乡镇企业的蓬勃发展，实现了从以农业为主到以工业为主的转型。蒋巷村通过大力发展农业，实行规模化、现代化经营，并注重生态环境保护，打造出了“农业起家、工业发家、旅游旺家”的发展模式。永联村则以钢铁产业为支柱，不断延伸产业链，同时加强村庄的基础设施建设和公共服务，实现强村富民。苏南地区的这些“明星村”以“四千四万”精神，踏出了前人未曾走过的路，干出了前所未有的事业，并且将这种精神传承后人。

从全面建成小康社会到踏上现代化新征程，农村在变、农民在变，乡村振兴的要求也更高了。进入新时代，“后发”的铜官山村探索的全面振兴发展之路，已经完全不同于依靠乡镇企业发展带动乡村崛起的阶段，不可能复制这些先进村、明星村走过的路。为此，铜官山村的乡村产业振兴，立足优越的生态田园禀赋，以创建“中国美丽休闲乡村”为目标，致力于打造生态为依托、旅游为引擎、文化为支撑和市场为导向的特色田园乡村，通过农文旅综合体，让乡村游“新网红”进化为“常青树”。采用村企联建的方式，聚焦“万企联万村、共走振兴路”，精准对接 10 家企业与铜官山村“联姻”，共同推进农文旅融合发展，带动村企联建、村强民富，打造“多企一村振兴共同体”，形成了集农业示范、工艺体验、乡村休闲和历史文化于一体的一二三产融合发展模式。以铜官山村铜官山乡村乐园项目为轴心，推动村企之间多领域、全方位的合作，实现两类主体优势和资源的深度融合，推动产业链升级。大力盘活乡村闲置资源，突出共享经济平台搭建及富民产业导入，融绿色循环农业、创意农业、农耕体验、休闲度假、文化传播、旅游观光、农产品展销等于一体，有效带动周边农民在餐饮、民宿和特色农产品生产销售等方面共享产业增值收益。通过承办 2020 年苏州市中国农民丰收节以及 2021 年、2022 年、2023 年“中国新农民故事会”，使铜官山村成为“故事会”永久会址。主动对接串联整合周边精品旅游资源，形成以党建引领红色游、千村美居绿色游、载体更新蓝色游、无忧生态彩色游为主题的“四色美游”线路图。

如今的铜官山村，农文旅一体发展，村企共同积极作为，不仅为当地人提供更加优质的生活环境，还激发出乡村发展的无限活力：茶溪谷、花影隧道、稻田栈道、观山云隐民宿等40多个特色点位让乡村美景一览无遗；小火车、彩虹滑道、射箭场让休闲娱乐体验更加丰富；历史文化馆中的溯源馆、吴方言馆深挖当地历史文化内涵，唤醒了人们心底的乡愁记忆……铜官山乡村乐园、观山云隐民宿被纳入“四色美游”线路点位，并被评为2021年度苏州市乡村旅游精品线路，成为“江海风光、田园农趣体验之旅”网红打卡地。2021年10月铜官山村成功入选中国美丽休闲乡村。

四、让新时代鱼米之乡更富乡村“调性”

“强富美高”的愿景，集中体现了中国式现代化的特色与本质要求，不仅指引江苏高水平全面建成小康社会，更引领着江苏现代化建设的未来。铜官山村作为一个极具苏州特色的村庄，既拥有江南水乡典型的生态魅力，也沉淀了悠久深厚的历史文化底蕴。要善于把握发展机遇、充分发挥生态优势，进一步释放土地、资金、人才等乡村振兴关键要素的活力，努力将自己打造成为新时代鱼米之乡最直接最可感的窗口。在新时代鱼米之乡建设中，铜官山村从推进中国式现代化和全面乡村振兴的战略高度来思考，明确其中的“变”与“不变”，展现出创新、协调、绿色、开放、共享的新发展理念，赋予其新时代的内涵和要求，在持续打造农业强、农民富、农村美、文明程度高的现代化新农村上，探索出切合自身实际的新路径。

（一）为农业强夯实基础

探索高水平率先基本实现农业现代化是苏州近年来农村工作的重点。先进的农业技术和设备是推动农业强，实现农业现代化的基础，能够帮助达到高产、优质、高效、生态、安全的农业生产。铜官山村结合全村产业特点，广泛应用好智能化农业机械，做好优良种子的培育和推广。在优化产业结构上，进一步完善和拓展农业产业链，不仅包括种植大米、茶叶等农产品，还要提高农产品加工、流通、销售等环节，增加农产品附加值，形成一二三产业融合发展的良好态势。在发展主体上，提高村民的专业素质和技能，通过教育培训，推动村民能够熟练运用现代技术和管理方法从事农业生产经营。在农业可持续发展上，进一步统筹资源的合理利用和环境保护，推广生态农业模式，减少农业污染，保障长期发展能力，为实现“农业强”提供坚实的基础。

（二）为农民富多辟渠道

“农民富”是乡村振兴战略的生动体现。要加大对农民的农业补贴和支持力度，提高农民的生产积极性，保障农业生产的稳定性。立足本村产业基础，加大鼓励和扶持合作社，培养新型农业经营主体力度，发展农产品加工，延长农业产业链，增加村民在产业增值环节的收益。加大对铜官山村道路、通信等基础设施的投入，降低农业生产成本，提高农业生产效率，为村民增收创造良好环境。加大对农村金融的政策支持，创新农村金融产品和服务方式，为农民提供便捷的信贷支持，解决农民发展生产的资金难题。培养爱学习、善思考、懂技术、会经营的新型农民，提高农民的就业创业能力，拓宽农民增收渠道。加强农村电商基础设施建设，培养农村电商人才，拓宽农产品销售渠道，减少中间环节，让农民能够直接对接市场，增加销售收入。加强农村社会保障体系建设，完善农村养老保险、医疗保险等社会保障制度，提高保障水平，减轻农民的后顾之忧，通过增加村民的收入提高消费能力，形成良性循环，实现总收入的持续增加，提升生活品质。

（三）让农村美更有"调性"

"农村美"是乡村振兴战略的重要目标。从自然环境来看，农村美要具备山清水秀、空气清新、生态良好的属性特征。铜官山村不仅有广袤的农田、绿树成荫的乡间小道，还有清澈的溪流和池塘，有实现"农村美"的生态平衡和生物多样性基础。在村庄建设方面，铜官山村可以结合"千村美居"建设的部署要求，统筹考虑全村格局，规划合理、有序布局。在房屋建筑上更充分地体现地方特色和传统风貌，加强基础设施建设，畅通陆网水网、保障水电供应稳定、网络通信便捷。在公共服务方面，铜官山村可以打通横向纵向，吸引优质的教育资源和完备的医疗设施。打响铜官山乡村乐园品牌，丰富文化活动场所，形成独具特色的文化产业吸引力。推动产业发展与环境相协调，发展绿色农业、生态农业，实现经济效益和生态效益的双赢，吸引村民积极参与到农村的发展中来，共同努力打造美丽宜居的铜官山村。

（四）让乡风文明深入人心

乡风文明，是乡村振兴之“魂”，是美丽乡村建设的重要内容，也是“强富美高”新江苏现代化建设的重要体现。它不仅是农民精神风貌的呈现，更是乡村社会和谐发展的重要保障。提升乡风文明，对于推动农村经济社会发展、促进乡村治理现代化具有重要意义。要加强思想道德建设。积极开展社会主义核心价值观宣传教育，通过通俗易懂的方式，让农民群众深刻理解其内涵和意义。深入挖掘和传承优秀传统文化中的道德规范，弘扬孝道、诚信、友善等传统美德，让这些优秀的文化基因在新时代焕发出新的活力。注重文化建设。加大对铜官山村文化设施的投入，完善农家书屋、文化广场等场所设置。收集、整理相关稻作文化、渔业文化、水乡民俗等传统农耕文化资料和实物，通过展览、讲解、互动体验等形式，展示鱼米之乡的历史文化底蕴。加强法治建设。进一步加强乡村法治宣传教育，提高法治意识，让他们知法、懂法、守法、用法。完善铜官山村法律服务体系，为农民提供便捷的法律咨询和法律援助，依法解决农村矛盾纠纷，维护农村社会的和谐稳定。

在新时代的新征程，铜官山村深刻把握“强富美高”新的实践内涵，开拓进取，攻坚克难，大力发展农村特色产业，推动农文旅融合发展，让农业成为有奔头的产业，让农民成为有吸引力的职业，让农村成为安居乐业的美丽家园，以在苏南地区打造出一个产业兴旺、生态宜居、乡风文明、治理有效、生活富裕的新时代鱼米之乡“样板村”，不断为江苏建设“强富美高”现代化新篇章注入新内涵，开辟新境界。

第三章

以乡村全面振兴夯实“铜官山之路”

党的二十大报告提出“全面推进乡村振兴”，坚持农业农村优先发展，坚持城乡融合发展，畅通城乡要素流动；加快建设农业强国，扎实推动乡村产业、人才、文化、生态、组织振兴。强调“建设宜居宜业和美乡村”。二十届三中全会进一步明确提出运用“千万工程”经验，健全推动乡村全面振兴长效机制。“城乡融合发展是中国式现代化的必然要求。必须统筹新型工业化、新型城镇化和乡村全面振兴，全面提高城乡规划、建设、治理融合水平，促进城乡要素平等交换、双向流动，缩小城乡差别，促进城乡共同繁荣发展。”新时代以来，以铜官山村为代表的苏南农村的高质量发展实践及成效，生动回答了新型城镇化背景下为何要推进乡村全面振兴，以及怎样全面推进乡村振兴的“时代之问”。

一、全面推进乡村振兴的意义及重点任务

（一）在新的历史起点上全面实施乡村振兴战略

农业农村农民问题是关系国计民生的根本性问题。实施乡村振兴战略是解决新时代我国社会主要矛盾、实现“两个一百年”奋斗

目标和中华民族伟大复兴中国梦的必然要求[①]。乡村振兴战略的提出，是基于我国农业农村发展取得的历史性成就和“三农”工作积累的丰富经验[②]。党的十九大提出乡村振兴战略以来，我国坚持农业农村优先发展，各地围绕产业振兴、人才振兴、文化振兴、生态振兴、组织振兴的具体要求，聚焦产业兴旺、生态宜居、乡风文明、治理有效、生活富裕、制度保障，破解城乡二元结构，实现城乡融合发展，在顶层政策设计、基层实践推动以及经验探索方面取得了丰硕成果。2021 年 2 月，我国脱贫攻坚战取得全面胜利，区域性整体贫困得到解决，完成了消除绝对贫困的艰巨任务，创造了又一个彪炳史册的人间奇迹。随着脱贫攻坚历史任务的完成，我国在宣布全面建成小康社会的基础上，对中国式现代化的乡村振兴战略提出了新的要求和任务[③]。习近平总书记在全国脱贫攻坚总结表彰大会上的重要讲话强调，要走好中国特色社会主义乡村振兴道路，“全面实施乡村振兴战略的深度、广度、难度都不亚于脱贫攻坚，要完善政策体系、工作体系、制度体系，以更有力的举措、汇聚更强大的力量，加快农业农村现代化步伐，促进农业高质高效、乡村宜居宜业、农民富裕富足”。

全面实施乡村振兴战略是我国的一项重要国策。改革开放以来，我国农村经济取得了显著发展，但城乡差距依然较大，农村发展面临诸多挑战，推进乡村振兴战略，就是要从根本上解决我国发展不平衡不充分的基本矛盾，以农业强、农村美、农民富来实现中国式农业农

① 参见《书写中华民族伟大复兴的“三农”新篇章》，载《人民日报》2018 年 2 月 5 日，第 1 版。

② 参见新华社：《中共中央 国务院关于实施乡村振兴战略的意见》，2018 年 1 月 2 日。

③ 参见廖茂林、彭浩瀚、贾晋：《乡村振兴战略再思考：逻辑主线、规律趋势和推进方略》，载《中国人口·资源与环境》2024 年第 2 期。

村现代化。在新形势下推进乡村全面振兴，要坚持以人民为中心，着力提高农民生活质量，促进农村全面发展。要着力保护农村生态环境，坚持绿色发展，不断书写“绿水青山就是金山银山”的新篇章。要坚持改革创新，激发农村内生动力，推动农村改革和发展。要坚持因地制宜，根据不同地区、不同村庄的实际情况，制定有针对性的乡村振兴策略。要坚持系统治理，整合农村各类资源，形成系统化、科学化的乡村振兴体系。

推进乡村全面振兴，“全面”二字体现在乡村振兴的全面覆盖，让五大振兴得到全面落实，直接提升老百姓的获得感幸福感，全面缩小城乡差别。虽然改革开放以来我国农村经济取得了长足发展，但农村基础设施以及教育、医疗、商业服务等方面与城镇还存在一定差距，抑制了农村的发展潜力。此外，农村生态环境存在的问题，如水土流失、水资源短缺、土地退化等，也必须通过乡村振兴来解决。随着城市化进程的推进，大量农村劳动力涌入城市，导致农村人才流失严重，农村经济发展缺乏人才支持，制约了农业农村的发展。传统农业生产方式难以满足市场需求，需要通过现代化手段提高农业生产效率，降低成本，提高农产品质量。以“五大振兴”支撑乡村全面振兴，首先要把握产业振兴这个关键，遵循农村经济社会发展的基本规律，循序渐进实现全面振兴的任务。对此，习近平总书记有系统的论述和具体的部署：产业兴旺，是解决农村一切问题的前提，从“生产发展”到“产业兴旺”，反映了农业农村经济适应市场需求变化、加快优化升级、促进产业融合的新要求。生态宜居，是乡村振兴的内在要求，从“村容整洁”到“生态宜居”反映了农村生态文明建设质的提升，体现了广大农民群众对建设美丽家园的追求。乡风文明，是乡村振兴的紧迫任务，重点是弘扬社会主义核心价值观，保护和传承农村优秀传统文化，加强农村公共文化建设，开展移风易俗，改善农民精神风貌，提高乡村社会文明程度。治理有效，是乡村振兴的重要保障，从“管理民主”到“治理有效”，是要推进乡村治理能力和治理水平现代化，让农村既充满活力又和谐有序。生活富裕，是乡村振兴的主要目的，从“生活宽裕”到“生活富裕”，反映了广大农民群众日益增长的美好生活需要[①]。可见，实现乡村全面振兴的目标，是满足人民日益增长的美好生活需要的时代使命，是提升国家治理体系与治理能力现代化的重要方面，是推进农业农村现代化、实现中华民族伟大复兴的必然选择。

（二）全面推进乡村振兴的江苏探索

江苏是鱼米之乡、农业大省，在新征程上全面推进中国式现代化江苏新实践，始终坚持不懈把解决好“三农”问题作为重中之重，统筹城乡、联动南北、打造示范，探索出富有成效的“江苏路径”，打造出具有引领性的“江苏样板”，形成了具有实践指导性的“江苏经验”。

改革开放以来，江苏积极探索多样化的村级集体经济发展路子，结合资源禀赋、区位条件、产业优势和城镇化水平，坚持宜农则农、宜工则工、宜商则商的原则，选准产业切入点，创造以发展乡镇企业为主体的“苏南模式”“耿车模式”。进入21世纪后，江苏推动制度创新，形成明晰集体产权、农村治理“政经分开”的“苏南新集体经济”，夯实村级集体经济基础助力农村和谐繁荣。不断创新完善村级

---

① 参见习近平：《把乡村振兴战略这篇大文章做好》，载《论“三农”工作》，中央文献出版社2022年版，第277—278页。

民主管理手段，在开展农村集体“三资”管理专项治理和农村集体“三资三化”示范县创建的基础上，全面开展农村集体“三资”管理“阳光行动”试点，以“互联网+”保障农村集体经济组织成员的知情权、决策权和监督权，探索乡村治理的有效途径。组织实施农业产业富民工作，聚焦贫困地区、聚焦贫困人口，集中发力对症下药，建立“4+2”工作机制，以农业产业富民项目为主抓手，着力构建农村低收入人口脱贫长效机制。

在深化农村改革工作中，江苏坚持处理好农民与土地的关系，在全国最早开展农村土地承包经营权确权登记颁证试点，巩固完善农村基本经营制度，积累深化农村土地制度改革，探索出“联耕联种”“农田托管”“合作农场”“土地股份合作”“联盟服务”等多种放活土地经营权的江苏经验，推动完善农村土地“三权”分置格局。积极顺应农民保留土地承包权、流转土地经营权的意愿，研究提出100—300亩“江苏适度规模经营标准”，推行“实物计租、货币兑现”“江苏土地流转定价机制”，出台农村土地承包经营权流转“江苏市场交易实施细则”，引导土地向适度规模经营主体集中。在全国率先启动《江苏省农村集体资产管理条例》立法，着力解决农村集体资产管理主体缺失、所有者不清、管理制度不完善、指导监督机构不明等问题。创新发展多种形式农村合作组织，大力发展“苏合”合作社联社，推动“抱团进城，直销产品，服务市民，打响品牌”；组织开展农民合作社综合社试点，实现“农户、土地、服务、受益”四个全覆盖，形成了“家家有股份、户户有分红、人人有受益”发展模式；探索村级组织政经分开，村级成立集体经济组织，建立现代企业制度，实行董事会领导下的总经理负责制，形成农村发展新机制。

为增强村级党组织服务能力，创新开展以“有持续稳定的集体收入、有功能齐全的活动阵地、有先进适用的信息网络、有群众拥护的双强带头人，强化村党组织领导责任”为内容的村级“四有一责”建设。围绕解决好“谁来种地”的问题，探索构建了一支江苏标准的新型农业经营主体队伍，扎实开展“三个一”建设，即建立一套登记监测体系、实施一批精准扶持政策、培育一批示范经营主体；建立常态化新型职业农民培育制度，重点培育“三类职业农民”，即提升一批对农业有经验、有劳动力的“老农”，吸引一批有乡愁、想返乡创业的“新农”，引进一批有学历、能创新的“知农”；形成“统”有合作社、龙头企业、集体经济，“分”有职业农民、专业大户、家庭农场等共同发展的格局。

（三）创新推进乡村全面振兴的苏州实践

苏州是经济大市，城乡融合发展水平高，乡村始终是苏州全面发展的重要一极。2023 年，苏州 GDP 总量 2.47 万亿元，位居全国第 6，城镇化率为 82.48%。即便如此，苏州仍有近 1/5 人口生活在农村，全市粮食播种面积超 190 万亩，自给率仅在 25% 左右，仍有大量建设用地散布在农村。近年来，苏州学习运用“千万工程”经验，聚焦生态建设、产业发展、人才培育等方面，以加快农业农村现代化更好推进中国式现代化苏州新实践。

苏州以片区化推进乡村振兴、组团式开展乡村建设，高质量打造宜居宜业和美乡村，推动乡村振兴由“单打独斗”向“片区协同”升级，聚力绘就水平更高、内涵更全、特色更鲜明、示范引领性更强的乡村振兴现实图景。全面贯穿乡村振兴的新理念，坚持先规划设计后建设发展，完成实用性村庄规划和片区发展规划，全市片区协同、共联共建的发展格局越发鲜明。强化县镇村统筹，按照“空间缝合、资源整合、发展聚合”的思路，促进乡村打破行政区域，实现连片发展。全市开展实用性村庄规划编制行政村 772 个，纳入片区发展规划行政村 901 个，划定 50 个乡村振兴示范片区（其中跨市域 1 个、跨县域 3 个、跨镇域 23 个、跨村域 23 个）。在推进片区化建设中，注重挖掘各片区特色，尊重乡村肌理，根据自身地理位置、产业特色等，构建差异化、个性化的乡村振兴发展路径，实现乡村发展各美其美、美美与共。

（四）积极落实乡村振兴任务的常熟路径

聚焦乡村振兴的战略任务，常熟始终瞄准农业农村现代化目标，着力在高质量农业产业、高标准乡村建设、高品质农民生活、高水平城乡融合上走在前做示范，探索出一条具有常熟特色的“三农”事业高质量发展之路。

提高农业现代化水平，强化一二三产业融合发展。持续推进“三高一美”提档升级，重塑鱼米之乡“筋骨”。打造“种业育繁推”全产业链，加快品种选育推广工作，“种业振兴”迈出坚实步伐。实施“百万收入家庭农场”培育计划，现有“常熟大米”等国字号地理标志农产品 5 个，“董浜黄金小玉米”等全国名特优新农产品 11 个。培育农业龙头企业 132 家，家庭农场 1776 家，农民专业合作社 409 家。打造共享农庄、休闲观光精品村等休闲农业点 225 个。创新开展“常熟供销优选”农产品直通车活动，全年农村电商销售额达 55.99 亿元。

加强“千村美居”建设。以“千村美居”+“乡村振兴片区化”为统领推进乡村建设，全市累计实施千村美居等各类美丽乡村3794个，美丽乡村覆盖率近82%。用好“千万工程”经验，深化“五治融合”，推进“建、管、治”三位一体，“三个一批”经验做法、“一户四照”工作法。累计建成省级特色田园乡村14个、苏州市级特色康居示范区10个、特色康居乡村1445个，荣获省政府“促进乡村振兴、改善农村人居环境成效明显的地方”督查激励。

加强农村公共基础设施建设。扎实推进农宅归并移位和农房条件改善行动，2023年建成美丽农村路24.8公里、农路驿站5个，全市县道优良率达99.3%，乡村道路优良率达93.1%；新建县乡级农村生态河道9条，农村生活污水治理率达99.6%；新建农村地区5G基站600余个，基本实现5G网络覆盖；推进农民体育载体建设，改建15个“口袋公园”。

壮大村集体经济。推进村级经营性资产委托管理、实施老旧工业区（点）更新改造、规范农村集体产权交易管理等，促进村级资源资产保值增值。全市村级集体总资产达22.62亿元，村均经营性收入超980万元。

持续增加农民收入。建设覆盖城乡的就业服务信息管理系统、职业技能培训体系、创业创新扶持体系，完成部、省、市级高素质（新型职业）农民培训超1万人次，获评“全国农村创新创业典型县”。建设42个“家门口”就业服务站，帮扶困难群众就业。2023年，农村居民人均可支配收入达46816元，城乡收入比进一步缩小至1.78 ：1。

提升公共服务均等化水平。构建“15分钟”养老服务圈，日间照料中心村（社区）保持全覆盖。拥有乡村全科医生985人，实现镇

（街道）区域性养老服务中心全覆盖。实现新时代文明实践站行政村全覆盖。全域推广“新风礼堂”新模式，提升乡风文明建设成效。

图3-1　2023年第三届中国新农民故事会场景之一

二、铜官山乡村全面振兴的创新实践

铜官山村在夯实农村党组织建设的前提下，以大力发展村集体经济为基础、以提升农村党组织治理能力为保障，积极推进产业振兴、人才振兴、文化振兴、生态振兴、组织振兴，奋力谱写出农村党建引领乡村全面振兴的新篇章。从以前的靠山吃山，到如今的养山富山，修复环境，发掘历史，同时抓产业促产业，打好富民增收组合拳，在绿水青山之间走出了一条产业为基、生态绿色的乡村高质量发展之路。

（一）产业振兴，因地制宜构建特色优势产业体系

产业兴旺是实现乡村振兴的“火车头”。铜官山村立足本地资源禀赋，坚持以农安村、以工强村，积极构建一二三产业融合发展体系。近年来，铜官山村筑巢引凤，改造、新建标准厂房逾20000平方米，先后引进30家企业入驻，2018年工业总产值超两个亿，2022年村级企业工业总产值超两亿元，成为可持续发展的经济强村。依托地域优势，积极招引外来投资，发展设施农业和特色种养产业，涌现出常熟市虞盛农产品专业合作社、常熟市海虞茶叶有限公司、常熟市海虞镇福山七峰红木雕刻厂等龙头企业。

打造现代农业体系。铜官山村立足现代农业和乡村休闲旅游相结合定位，形成以水稻种植、设施农业、乡村旅游产业为主，茶树、花卉、林果种植为辅的现代农业体系。铜官山村流转土地率达100%，并大刀阔斧地调整产业结构。中部山地发展茶业，南北两端建立千亩农场，东部开发千亩苗木和花木培育基地。据此，铜官山村组建成立了林果、茶叶、农机专业合作社等。合作社的建立，使农户得到了更多的实惠。入社农户能够获得每亩固定的保底收益和二次分配收益，入社农户购大米可享受低于市场价的结算优惠，现金增量股的农户可享有红利分配，合作社区域内的种植大户上交粮食以国家收购价结算，并实行加价收购结算，在促进农户致富的同时，又为当地的农民提供了就业机会。因地制宜发展林下经济，通过引入瓜蒌、碧根果等特色农产品种植，盘活闲置林地资源，2019年村里成立的合作社开始试种碧根果，现有种植面积40亩，后续计划扩至80亩，形成产业化发展模式。目前的铜官山村，还是苏州面积最大的瓜蒌种植区，合作社规

划种植面积近 80 亩。瓜蒌籽年均亩产 150 公斤，亩产值达 1.5 万元，每亩净利润可达 5000 元。合作社出品的“同官山”品牌休闲瓜蒌籽已成为铜官山村的旅游产品，成为游客带得走的回头货。

培育壮大“虞盛模式”。由铜官山村发起的虞盛农产品专业合作社，立足“促农业增效、助农民增收”定位，将成员扩展到海虞镇福山区域 7 个村社区股份合作社，分别为铜官山、肖桥、郑家桥、徐桥、聚福、福山、邓市村，已发展为一个具有现代、高效，融合覆盖“种、苗、粮”“产、加、销”全链型的农业产业化经营实体。由此形成的“虞盛模式”，与一般合作社投资主要来源于农民的做法不同，经营资金的 80 % 由政府投入，聘请职业经理人管理，探索出了“政府投资、农民入社、职业经理人运营”的运作模式。该模式注重生产功能的分散与集中，通过抓两头、放中间的生产组织方式，最大程度地发挥合作社优势；以社会化服务为导向进行利润分配，通过“米券”等形式每年返利于农民。从长期效果上看，既满足了政府稳定粮食生产的目的，又实现了服务农民的良好社会效益。合作社目前自主经营粮食种植面积 2800 亩，基地村级合作农场粮食种植 5000 多亩，合作社仓储、烘干服务区域面积达 12000 亩。

大力发展文旅产业。把握农文旅结合的规律特点，深入挖掘铜官山村的农耕民俗文化基因，强化山水田园文化体验，打造具有辨识度的农文旅融合发展新样板。依托铜官山生态旅游度假区、虞盛农产品专业合作社、特色农产品种植基地等资源，全面推进集乡村旅游、特色农业、专业培训、科普研学、人才交流等为一体的农文旅融合发展示范带建设。探索亲子游、研学游等农旅融合发展新模式，进一步丰富乡村旅游产品结构，为乡村振兴注入新活力。

图3–2 铜官山长江文化公园环岛

成功举办首届铜官山民间民俗文化艺术节，展示了独具地域特色的民间艺术。举办 2024 常熟村跑海虞铜官山站活动，吸引了近 800 名跑步爱好者参加，这一活动的比赛全程 6 公里，线路设计融合了自然风光、人文历史和生态建设，让参与者在享受运动乐趣的同时，深度体验别样的乡村风景。

高起点打造特色品牌。在大力发展村级集体经济的同时，进一步探索农村闲置农房盘活利用有效途径，通过多元化融入主题元素，因地制宜盘活利用闲置农房和闲置宅基地 1088 亩，打造出了一个集美丽田园、茶园、果园、花园和农民新家园为一体的生态休闲地标和乡村振兴样板。目前的铜官山村特色项目众多，村内的特色经营项目有以插秧、采摘、农事劳动等体验为核心的农事体验、以口头传承文化、民间歌舞娱乐文化、节日文化等非物质文化遗产体验为核心的民俗文化体验，以绿色、休闲、农业、康养等融为一体的休闲旅游等。特色产业蓬勃发展。铜官山村以“虞盛牌”大米获得绿色食品认证、苏州名牌产品称号、“稻味常熟”优质大米评选银奖、江苏好大米银奖。作为非遗“铜官山绿茶制作技艺”碧螺春茶的主产地，茶园总面积达650亩。“沙家浜牌”碧螺春、白茶和茗毫获得苏州市名牌产品、绿色食品、有机食品等荣誉和称号认证。

（二）人才振兴，加快培育新型职业农民

乡村振兴，人才为本。近年来，铜官山村在全面推进乡村振兴的实践中，已经建立起了一支高效、专业的村级发展团队，成立了苏州同官山绿色生态农业有限公司、苏州同官山乡村旅游发展有限公司等专业的运营公司。通过招聘旅游开发、农业技术、市场营销等多个领域的专业人才，进行专业的市场化运营，为铜官山村的农文旅产业注入了新的活力。铜官山村现有村民1420户，户籍人口5714人，常住人口6202人。常住村民中，接近四分之一拥有大学本专科学历，为推进乡村振兴、培养新型职业农民，提供了重要支持条件。

表3-1 村民学历结构表

文化程度	大学本科以上	大学专科	高中（中专）	初中	小学	文盲半文盲	未入学儿童	总计
人数（人）	481	1039	477	2330	1786	134	270	6517
占比（%）	7.38	15.94	7.32	35.75	27.4	2.06	4.14	100

注：表内数据来源于2020年第七次全国人口普查。

乡村振兴，基层党组织是核心。选优配强村“两委”，发挥“火车头”的带动作用。目前，铜官山村共有工作人员14名，其中党员12名。村党委目前共有书记1人，副书记2人，党委委员4人；村委

目前共有主任 1 人（书记主任一肩挑），副主任 1 人，村委委员 1 人。村两委共有成员 9 名，其中 50 岁以上 1 人，40—50 岁 1 人，30—40 岁 7 人；本科学历 7 人，大专学历 2 人。村两委班子人员学历水平、年龄层次更趋合理，更趋于年轻化、高学历化。

以此为基础，积极办学建阵地，为乡村振兴培养适用性的人才队伍。组建乡村振兴学院，在集中展示常熟乡村振兴、农业农村现代化的探索成果及海虞的历史文化的同时，使其成为培育乡村振兴人才的摇篮，党建引领乡村振兴的阵地，新时代文明实践的重要阵地。在推进乡村振兴战略的大背景下，不断完善人才培育体系，与镇、村企业联手制定人才引进政策，从技术、资金、人员等多方面提供有力保障，吸引高校毕业生、城镇企业负责人、农业科技人员返就业、创业。在人才引进的基础之上，统一开展各项培训工作，进一步提升人才的整体素质，推动乡村人才振兴。同时，以农村青壮年、返乡农民工、回乡大学生等为重点，通过与涉农高等院校、涉农职业院校联合办班、委托或者定向培养，培育了一批具备先进经营管理理念、掌握现代农业生产技术、灵敏捕捉市场信息的新型职业农民，为今后发展储备人才。

为激励人才返乡创业就业，铜官山村积极落实国家及地方政府的就业创业政策。用好返乡人才的扶持政策，通过提供政策咨询、创业指导、资金扶持等方式，鼓励和支持在外人才返乡创业就业。在村党委的积极引导下，海虞镇铜官山村近年来返乡创业人数持续增长。村里拥有创新创业团队，近年返乡创业人数呈明显增长态势。这些返乡人才不仅带来了新的创业理念和经营模式，还带动了本地就业和经济发展。针对返乡人才在农业、乡村旅游、电子商务等领域表现出较强的创业意愿和创业能力，村里不断完善创业服务体系，在创业培训、融资支持、市场开拓等方面提供周到服务，为返乡创业人才提供全方位的支持，切实解决返乡人才创业过程中的困难和问题。返乡创业者不仅解决了自身的就业问题，还通过创办企业、合作社等方式，为当地村民提供了大量的就业机会。

（三）文化振兴，着力加强乡风文明建设

习近平总书记在文化传承发展座谈会上强调：“在新的起点上继续推动文化繁荣、建设文化强国、建设中华民族现代文明，是我们在新时代新的文化使命”。“建设中华民族现代文明”这一重大命题，为我们在新的起点上推进中国式现代化实践提供了重要的价值导向，为进一步推动乡村全面振兴，以文兴业，以文化人，以文强村，探索乡村文化振兴新路明确了重点任务。

图3–3　设于铜官山的常熟市乡村振兴学院

落实乡风文明建设。铜官山村融入海棠花红“红色元素”、农民丰收节“农耕元素”、稻谷茶叶“特产元素”、南沙古城“历史元素”、千村美居“人居元素”、勤政为民“廉政元素”、国防基地“爱国元素”等七大元素，因地制宜，错位布局多个功能点位，建设有党史主题广场、长江文化主题展览馆、时代印象·虞乡人家、虞乡市集、乡村振兴学院、法治廉政文化园、观山云隐民宿区、虞乡里茶溪谷、国防教育展示区等功能场馆，充分利用和保护建筑，进一步丰富人文内涵。同时，以群众需求为中心，常态化开展移风易俗、惠民义诊、文艺演出等活动，丰富村民精神文化生活，熔铸乡风文明之魂。

加强文化保护和传承。铜官山村有完善的文物古迹、传统建筑、农业遗迹、非物质等文化遗产保护规划、制度和措施，保护资金充足，文化遗产保护状态良好，完整性和原真性高，保护制度全面。铜官山村制定了非物质文化遗产保护措施，实施分级保护、经费管理、建立非遗名录档案、责任追究、专家评审、合理利用开发等制度。铜官山村对拥有的文化遗产实施了详细的保护制度和措施，发挥政府、组织、单位和个人不同主体的作用，加强各种文化遗产的研究、保护、管理与传承。政府不断加大财政力度，加强对文化遗产的保护。政府在调查的基础上拟订非物质文化遗产代表性项目名录、濒临消失的非物质文化遗产代表性项目名录、非物质文化遗产项目记忆名录，公民和组织在此记录上做出推荐和提出建议。收集相关资料进行记录整理，形成系统的图片、音像、文字资料，建立数据库、档案库。为了印证时代发展、见证历史轨迹，全方位记录乡村状况以及乡村变化，铜官山村还编纂村志，为保护和传承乡村文化、促进乡村振兴提供“时代记忆”。

（四）生态振兴，从“挖青山”向“养青山”转型

二十世纪七八十年代，铜官山村民们靠山吃山，开采石材提供给附近建设工矿、码头、长江堤岸，四座山头被采石成了矿坑，生态环境遭到严重破坏，粉尘漫天，山林失色，村民生活在这里苦不堪言。传统开山采石的采矿方式对山体破坏性较大，造成山体千疮百孔，残缺不全，特别是山体东侧岩石裸露、断壁断崖，严重影响生态环境和自然景观。“石头经济”用牺牲环境来换取金钱只是一时的，破坏环境再恢复就难了，村里痛下决心不再开采矿石，另谋出路。

2007 年，铜官山村关停了采石厂、砖瓦厂，注重生态发展。后来又利用开塘多出来的 100 万方土方对塔山采石宕进行了有效填埋，恢复农业用地 53.7 亩。2017 年，在镇党委政府的协调下，村里利用新材料产业园拆迁区域的渣土，对铜官山进行了山体修复。2018 年，成立苏州同官山绿色生态农业公司，对铜官山实施山体修复工程。修复工程以减少岩石裸露面，客土覆绿，增加场地植被覆盖率为原则，对断壁部分因地制宜进行处理。利用海虞镇万顷良田区域内拆迁户的清表土堆积成新的山体地形，上层覆盖种植土，结合部分挡土墙，恢复山体原始形态。栽植几十种绿化植物，防止水土流失，使破损山体能够较快较好地得到治理。同时以山体资源优势为依托，综合开发，以打造集农业示范、工艺体验、乡村休闲和历史文化于一体的乡村振兴先锋示范区为目标，对山体进行了道路、消防管道的规划，并配备了景观路灯、景观亭、古城墙等供游客游玩休憩之所。该工程利用铜官山的特殊地理形状，“化腐朽为神奇”，全方位呈现出一个既有自然风貌，又有历史渊源的“山水田园乡村”景观。在铜官山生态修复项

目中，广大村民积极参与村庄的绿化工程，通过植树造林、补绿增绿等方式，使得村庄的绿化覆盖率达到了 41%，显著提升了村庄的生态环境质量。在环境整治工作中，村民也发挥了关键作用，通过“共议、共建、共治、共管”的方式，共同参与到村庄的环境维护中，确保了村庄环境的整洁与美观。村民还结合本地特色，开发旅游研学产品，推动了乡村旅游发展，提升了村庄的生态环境，也促进了村民增收。

（五）组织振兴，打造坚强的农村基层党组织

党的二十大报告指出，坚持大抓基层的鲜明导向，抓党建促乡村振兴，推进以党建引领基层治理，持续整顿软弱涣散基层党组织，把基层党组织建设成为有效实现党的领导的坚强战斗堡垒。海虞镇铜官山村坚持发挥党建的引领和赋能作用，强队伍、建机制、重保障，以“党建 +”绘就乡村振兴新画卷。

党建引领乡村振兴，提升基层工作合力。深度推进“123”党建工作法，强队伍、建机制、重保障，着力夯实党建引领乡村振兴工作基础。铜官山村现有党员 154 名，村党委下属 4 个网格党支部和福顺红木、虞盛农产品、“两新”党组织联合等 3 个非公党支部。强化村党委领导核心地位和政治功能，充分发挥下属支部战斗堡垒作用，打造坚强严密的组织体系，不断提升工作合力。规范村委会及村务监督委员会运行，推行村级事务阳光工程，依托村民会议、村民理事会、村民监事会等多种形式，不断推动村级各项事务规范有序运行，为走好“产业兴旺、生态宜居、乡风文明、治理有效、生活富裕”的乡村振兴之路提供坚强支撑。

优化全域治理网格，提升村级治理效能。以援法议事空间、“有事好商量”协商议事室为基础，搭建基层群众治理网格化新平台，切实把矛盾解决在萌芽状态、化解在网格内。铜官山村将党建网格和社会治理网格相对应起来，将原来的七个网格结合区域特征、村民户数及党员规模等因素，优化整合为四个网格，明确各自网格内的“红色先锋站”兼具社会治理服务站功能。“红色先锋站”成为网格支部的活动阵地，网格员巡查值守，同百姓群众紧密联系，掌握网格内各类信息情况，有效回应民意。目前，“红色先锋站”已成为党员群众家门口的支部工作站、民情收集站、矛盾化解站、综合治理站和文化服务站，全面打通服务群众“最后一公里”，实现服务管理“零距离”赋能乡村振兴。

落实“全过程人民民主”，推进基层工作透明公开。按照“七步工作法”制定完善村规民约，以“三字经”的形式，让村规民约在村民中得到普及。全面落实党务、村务、财务公开制度。制定完成铜官山村小微权力事项清单，把民主决策、民主管理、民主监督贯穿于村务公开全过程，做到村级事务全公开、全透明①，让村民全过程参与到村级管理和监督中来，真正做到把权力“晒”在阳光下。村级重大事项决策“四议两公开”100%落实，使各项决策符合村民的意愿和利益。全面打造“6+X”民主议事平台、“有事好商量”协商议事室等多种民主协商形式，把协商议事平台搭建到百姓“家门口”，真正形成了民事民议、民事民办、民事民管的多层次基层协商格局。

① 参见程刚：《实干担当 建设乡村振兴样板村》，载《群众》2024 年第 2 期。

三、“铜官山之路”促进乡村全面振兴的样本意义

强国必先强农，农强方能国强。党的二十大为全面推进乡村振兴擘画了宏伟蓝图，强调“坚持农业农村优先发展”。二十届三中全会进一步明确要“坚持农业农村优先发展，完善乡村振兴投入机制”。这一系列重要部署，彰显了党中央对“三农”工作的高度重视，为我国乡村振兴事业指明了前进方向。进入新时代，乡村振兴扎实推进，农村面貌明显改善，农业农村现代化迈上新台阶。铜官山村通过自身的生动实践，为推进乡村全面振兴探索出有益经验。

（一）要着力构建现代化乡村产业体系

习近平总书记指出：“产业振兴是乡村振兴的重中之重”① “产业兴旺，是解决农村一切问题的前提”②。铜官山村因地制宜，积极构建现代化乡村产业体系。大力推进产业升级，扎实做好特色经济。坚持绿色生态发展之路，坚定淘汰转移落后产能，聚焦“一粒米”“一杯茶”“一颗果”等“土特产”，支持虞盛农产品专业合作社、海虞茶叶有限公司、铜官山瓜蒌种植合作社、碧根果种植园做大做强，着力打造绿色生态产业园区。充分发挥紧邻高科技产业园区优势，大力发展飞地经济，以工哺农，推动一二三产业融合发展。大力推动现代农业园区转型升级。引进申福牧场乳业乳品加工和马詠斋项目，建设产业

① 2021 年 8 月 23 日至 24 日，习近平总书记在河北承德考察时的讲话。

② 2018 年 9 月 21 日，习近平总书记在十九届中央政治局第八次集体学习时的讲话。

配套服务区。以建设“江南食谷”为抓手，加强农业科技创新体系建设，进一步提升产业园核心竞争力，构建以“仓储保鲜 + 电子商务 + 快递物流 + 品牌文化 + 果蔬游园”为一体的产业园配套服务项目。优化提升农业产业结构。开展农业品种培优、品质提升、品牌打造行动，完善全产业链质量安全追溯体系。提高绿色农产品比重，因地制宜推出具有鲜明特色的“土特产”。充分挖掘村级财力增长点。大力推进众益科技地块招商引资工作，并通过建立招商引资团队，优化投资环境，提供全方位服务，吸引优质项目落地；以众益科技地块为基础，继续发展“飞地”经济，提高厂房出租率，确保村级资产、资源不断壮大提升。推动“沉睡”资源盘活生金。在保证村级财力不受影响的情况下，将现有零星工业企业逐步退出村域，引进农特产品深加工企业；以现有集镇开发边界内的工业厂房为基础，逐年更新改造提升，完成福稼砳农产品专业合作社 15 亩配套用房主体建设，提升村级可用财力。

图3–4 虞盛农产品包装流水线

（二）要全方位推进乡村共同富裕

要实现共同富裕，全面推进乡村振兴、促进农民农村共同富裕是必不可少的一环，全民要共富，乡村须振兴。铜官山村实现脱贫和全面达到小康水平后，把促进共同富裕作为重要目标，不断拓宽农民增收渠道。大力发展乡村特色产业。铜官山村利用其丰富的自然资源和独特的地理环境，发展特色农业、乡村旅游和乡村服务业等产业，不仅提高农民的收入，还吸引大量游客前来体验，为村庄带来更多的收入来源。加强乡村基础设施建设。铜官山村不断加强道路、水电、通信等基础设施的建设，提高村民的生活质量。不仅提高村民的生活水平，还为乡村产业的发展提供更好的条件。突破乡村发展人力资源瓶颈。立足乡村振兴需求，改变人才由农村向城市单向流动的局面。例如，铜官山村的吴昊南京航空航天大学毕业后，到苏州一家国有银行工作 7 年后，毅然辞职回到家乡接手父亲创办的茶厂。他拜常熟市非物质文化遗产“铜官山绿茶制作技艺”代表性传承人韦美芳为师，学习制茶技艺。如今，吴昊已成为“铜官山绿茶制作技艺”的新一代传人，入选常熟市第七批非物质文化遗产代表性传承人名单。在他的带领下，铜官山绿茶已经成为当地的一张名片，不仅带动了村民们的增收致富，也为乡村的文化振兴注入了新的活力。

（三）要深入践行“两山”理念

党的十九大报告指出：“建设生态文明是中华民族永续发展的千年大计。必须树立和践行绿水青山就是金山银山的理念”，是构成新时代坚持和发展中国特色社会主义的基本方略之一。铜官山村始终坚定走绿色发展之路，打造了山青水绿、风景如画、产业兴旺、村强民富的宜居宜业和美乡村。积极践行“绿水青山就是金山银山”发展理念，用好“一山一城”特色资源，不遗余力地对铜官山山体进行修复，在发展生态旅游的同时，留住了美好“乡愁”。深入挖掘铜官山村 1700 年的常熟“南沙古城”历史文化，建设铜官山乡村乐园，结合地方语言文化、红木雕刻、碧螺春制茶工艺等一批非物质文化遗产，打造出独特的文化名片，推动铜官山村成为乡村旅游打卡胜地。从靠山吃山到养山富山，走出一条生态环保、绿色低碳的高质量发展之路，经验可贵，启示多多。

（四）要持续激发乡村振兴内生动力

全面推进乡村振兴，农民是实践主体，也是动力来源。如何把农民群众组织好、凝聚好，推动形成“人人关心乡村振兴、人人支持乡村振兴、人人参与乡村振兴”的发展局面，让广袤乡村迸发出强大的内生活力，是一道必答题。乡村振兴，离不开治理有效。铜官山村把培育和激活农民内生发展动力作为乡村振兴的重要方面，既注重加强对农民群众的扶志扶智、职业培训，也积极引导和鼓励青年人才返乡创业、回乡奋斗。为村民提供创业指导和政策支持，帮助村民发现和利用自身的优势，提高村庄的内生发展动力。同时，还注重乡村文化的传承，举办各类文化活动，让村民更好地了解和传承自己的文化。不仅增强了村民的凝聚力，还吸引更多的人前来体验乡村文化，为村庄带来更多的游客和收入。

（五）要充分发挥党建对乡村振兴的“牵引力”

新时代新征程，乡村振兴是全局性的振兴，党的领导是根本保证。以党建引领乡村振兴是发挥农村基层党组织组织功能、治理功能以推动农业农村现代化的必然要求，是发挥农村基层党组织组织力的核心环节和主要内容，必须始终坚持以高质量的农村基层党建为引领，为全面推动乡村振兴提供力量支撑和组织支撑[①]。铜官山村不断增强基层党组织的凝聚力和战斗力，善用党建力量，让资源变优势，以组织振兴推动乡村振兴，进而托起全面振兴。在实际工作中，把握产业振兴的关键，依托“万企联万村 共走振兴路”平台，村党委先后与中新、大金等 20 家企业举行村企联建签约，以创建“乡村振兴先锋示范区”为目标，为铜官山村农文旅产业发展基金注入资金 1000 多万元。与农商行海虞支部等七个党组织结对共建，通过量身定制“特田贷”等多种形式，为铜官山村重点项目建设提供强有力的金融、生态、文化等资源保障，全面展现党建对乡村全面振兴的牵引力和坚强支撑作用。

---

① 参见席强敏、张颖、张可云：《产业扶贫与乡村产业振兴的关系辨析与衔接路径》，载《中共中央党校（国家行政学院）学报》2023 年第 2 期。

第四章

全力打造“人文经济学”的乡村示范

2023 年全国两会期间，习近平总书记在参加江苏代表团审议时指出：“上有天堂下有苏杭，苏杭都是在经济发展上走在前列的城市。文化很发达的地方，经济照样走在前面。可以研究一下这里面的人文经济学。”习近平总书记这一重要论述首次提出了人文经济学的重要命题，同时回应了文化与经济交融互动的价值意蕴，旨在探索一条彰显人文底色的中国式现代化路径。乡村振兴战略作为推进中国式现代化的重要一环，其发展的价值目标与人文经济学理念具有内在一致性，让中华优秀传统文化以“乡愁”植入中国式现代化的魂魄，为创造性转化、创新性发展提供精神支撑。乡村作为一个独立且开放的社会单元和文化单元，认识乡村价值和把握乡村文化的功能，是推动全面振兴乡村的必要前提，是推进中国式现代化实践的坚定的文化坚守，是社会主义文化建设的重要内容。常熟市铜官山村在全面推进乡村振兴的实践中，始终坚持以人民为中心的人文经济学价值导向，在绘就产业兴旺“新场景”、探索乡村治理“新路径”、激发乡村振兴“新动能”、打造生态宜居“新画卷”等方面，为展现新时代幸福江南鱼米乡的“人文乡村”新风采，在一定程度上提供了示范引领作用。

一、扛起“人文经济学”的乡村使命

实施乡村振兴战略是推进中国式现代化的重要一环，也是实现区域协调发展、城乡共同富裕的必然要求。乡村振兴的实质是实现“农业农村现代化”，解决推进中国式现代化进程中城乡发展不平衡问题，以产业振兴、人才振兴、文化振兴、生态振兴、组织振兴来缩小城乡差距，让农民共享改革发展成果，这与人文经济学的发展理念具有内在一致性。“中国式现代化内蕴的‘人文逻辑’主张以全体人民共同富裕与和谐发展、人与自然和谐共生以及走和平发展的现代化之路的新文明来替代旧体系，重新弘扬人文对经济的价值引领。”① 人文经济学作为一种新的发展范式，体现了中国式现代化道路的经济实践，蕴含着中华优秀传统文化中的“人本精神”，是习近平新时代中国特色社会主义思想中“以人民为中心”发展理念的生动呈现，主张经济活动中更加注重人文精神、人文价值和人文关怀，在人、经济、文化的交融互动中促进以文兴业、以文化人、文化赋能，从而实现以经济高质量发展丰富人的自由而全面发展的最终旨归。

① 任平：《深化研究人文经济学：方向抉择、当代使命与未来前景》，载《苏州大学学报（哲学社会科学版）》2024 年第 1 期。

图4–1　上山巷自然村落一瞥

（一）关注“人文经济学”的乡村落点

以“五个文明”推进乡村全面振兴，人文经济学理念具有价值的统摄作用。从政治之维来看，“人文经济学”以实现全体人民共同富裕作为发展追求。“实现共同富裕不仅是经济问题，而且是关系党的执政基础的重大政治问题。”[①] 扎实推动全体人民共同富裕，既是新时代人文经济学需要回答的重要课题之一，也是新时代人文经济学的显著标志。这与乡村振兴的发展实质不谋而合。没有农业农村现代化就没有整个国家的现代化，作为中国式现代化的重要特征，共同富裕的短板之一就是农业农村的现代化。因此，实现农村发展和农民致富是共同富裕的关键组成部分，也是实现共同富裕的重要标志。而乡村振兴不仅是新时代解决“三农”问题的总抓手，更是实现共同富裕的必经

① 《习近平谈治国理政》第四卷，外文出版社 2022 年版，第 171 页。

之路。

从经济之维来看，“人文经济学”把高质量发展作为发展的动力源。习近平总书记指出：“高质量发展，就是能够很好满足人民日益增长的美好生活需要的发展，是体现新发展理念的发展，是创新成为第一动力、协调成为内生特点、绿色成为普遍形态、开放成为必由之路、共享成为根本目的的发展。”① 人文与经济深度融合正是贯彻新发展理念的题中应有之义，以创造高品质生活，实现人的全面发展为目标。高质量发展也同样是乡村振兴的内在要求和发展实质。习近平总书记把产业振兴作为乡村振兴的重中之重，强调要以农业高质高效发展推进农业现代化，深化农业供给侧结构性改革，强化现代农业的科技支撑，构建现代农业产业体系。

从文化之维来看，“人文经济学”是推动经济文化与文化经济化协同发展。在人文经济学视域下，文化不再是经济的附属，“文化的力量是经济发展的‘助推器’”②。精神文化不仅是一个地区实现发展跨越的动力源泉，人文资源同样可以转化为经济增长的新动力，通过推动文化产业化来富足人民的精神需求。而乡村振兴既要塑形，也要铸魂，实现乡村文化振兴是乡村振兴战略的重要一环，既要以文化引领焕发乡村文明新风尚，又要推动乡土文化的活化利用与传承。

从社会之维来看，“人文经济学”把坚守人民美好生活向往作为发展出发点。经济发展以社会发展为目的，社会发展以人的发展为归宿。在人文经济视域下，中国式现代化的实践探索始终体现出对人民期望的深刻理解和有效回应，人民既是现代化建设的参与者、推动者，更应是现代化成效的享有者。乡村振兴战略实施过程中，从加快高标准

① 《习近平谈治国理政》第三卷，外文出版社 2020 年版，第 283 页。

② 习近平：《之江新语》，载《浙江日报》2005 年 8 月 12 日，第 1 版。

农田建设到培育发展特色农业产业、促进农民增收致富，从人居环境整治、建设宜居宜业和美乡村到丰富乡村文化形态、焕发乡村文明新风尚，都展现出在擘画“农业强、农村美、农民富”的乡村新画卷中实现农民对美好生活的期待和向往。

从生态之维来看，“人文经济学”将人与自然和谐共生作为发展的支撑点。习近平总书记强调：“中华民族历来崇尚天人合一、道法自然，追求人与自然和谐共生”。新时代人文经济学，坚持良好生态环境是最公平的公共产品，是最普惠的民生福祉，强调经济发展的可持续性和人本性，这与乡村振兴战略中的“生态优先”价值理念高度趋同。良好的生态环境是农村最大优势和宝贵财富，生态振兴是乡村振兴的绿色根基和重要支撑，强调生态优先、生态至上的协同治理理念，在加强乡村生态系统保护基础上进行绿色发展，实现生态的“含金量”和发展“含绿量”同步提升。

（二）放大“人文乡村”的示范效应

苏州作为人文经济学的重要场域，在人文与经济的融合互动中，不断促进物的全面丰富和人的全面发展，探索出多种形态、多重领域的中国式现代化新实践。苏州的乡村发展一直处于全省乃至全国的标杆水平，涌现出如张家港永联村、常熟蒋巷村、吴江“江村”等一批彰显人文经济学特质的典型村镇。放大“人文乡村”建设的示范效应，是苏州践行“人文经济学”使命的应有担当。

张家港永联村，是坚持物质富足和精神富有协调发展的“老典型”。这个位于长江边由围垦而成的滩涂村，地势低洼，土质较差，一度是苏州面积最小、人口最少、经济发展最落后的村庄。为改变落后状况，永联村在吴栋材老书记的带领下，从挖塘养鱼、开办 7 个小厂、创办轧钢、再到决定上炼钢，逐步撬开了“以钢兴村”“以工富民”的大门，一举迈入张家港市十大富裕村之列。改革开放后，苏南农村先富起来的农户开始拆了平房造楼房，“老吴书记”敏锐捕捉到这一商机，率先发展，决定办“轧钢厂”，挖掘了第一桶金，钢铁产业发展迅速使得永联村获得“华夏第一钢村”的称号，也是苏南乡镇企业异军突起的一个缩影。

同时，永联村不断发展非钢产业，建立建筑、物流、重工、金融、贸易等产业板块，逐渐走上新型工业化道路。永联村以永钢集团为依托，坚持以工业反哺农业，先后发展了粮食基地、苗木基地、蔬菜基地、休闲农业园等，以龙头企业为牵引，以市场化机制为纽带，将作为农村一产的种植养殖、二产的食品加工、三产的旅游、餐饮、配送等充分融合，形成了完整的农业产业链。先后荣获“中国乡村旅游模范村”“全国乡村旅游重点村”、国家 4A 级旅游景区等荣誉称号。村民们的“口袋”富了，永联村加快补齐文化“短板”，促进百姓“脑袋”富有充实，投资建设永联文化活动中心和永联戏楼，邀请文艺团体前来演出，对村民们进行常态化的艺术熏陶。在永联小镇的爱心街上开设藏书达 4 万册的开放式农家书屋，供村民职工自由阅读。改扩建集书画、器乐、戏楼、舞蹈、游泳、健身、影院于一体的永联俱乐部，丰富村民的文化、体育、娱乐生活。

强化文明引领，促进乡村善治，永联村用村集体经济收益成立“为民基金会”，专门用于养老、助学、扶贫、助残、教育等公益项目，不断夯实民生保障。建设老年公寓，老年人享受由村集体购买，公益组织提供的养老服务。发挥集体经济厚实的优势，把精神文明建设与物质利益挂钩，对村民进行“文明家庭考核”，颁发精神文明标兵奖，举办“最美永联人”颁奖典礼，引导村民自觉投身乡风文明建设。

常熟蒋巷村，“精神传家”点亮人文价值，赋予乡村发展更强动能。20 世纪 60 年代的蒋巷村，是个交通闭塞、环境恶劣、疫病肆虐的贫穷落后村庄，村民住的是泥土墙、茅草房，土地低洼不平，十年九涝，蒋巷村村民在常德盛的带领下，抱着“天不能改、地一定要换”的决心，怀着“穷不会生根、富不是天生”的信念，治水改土、增肥地力。他们靠着一根扁担、两只箩筐，疏浚河道、平整土地，硬是把 1700 亩低洼地填高 1 米多，花了 9 年时间消灭血吸虫，20 多年进行农田基本建设。治水改土使蒋巷彻底翻了身，从吃返销粮一跃成为苏州市的售粮状元，发展成亩产吨粮的先进典型。在常德盛书记的带领下，蒋巷村走出了一条“农业起家、工业发家、旅游旺家、生态美家，精神传家”的发展之路。新时代的蒋巷人传承和发扬着敢想敢干、敢闯敢拼的斗争精神，不断拓展农业多种功能。借助沙家浜红色旅游的辐射效应，建设投资村史展览馆、江南农家民俗馆、农艺馆、知青文化园、青少年科普馆、农耕实践区域等景区景点，建设七巧湖栈桥休闲区、民俗风情一条街、学生社会实践基地、彩弹射击场等野外拓展项目，发展乡村建设考察游、生态田园观光游、农家生活乐趣游、农耕文化体验游、未成年人社会实践游等丰富的旅游产品，接待游客超 20 万人次，建成国家 4A 级旅游景区。

吴江以“江村”乡村振兴品牌为引领，打造新时代鱼米之乡的样板区。1936 年，著名社会学家费孝通先生在吴江开弦弓村开展了两个月的乡村调查，写出了闻名世界的《江村经济》。从此，“江村”就成为江南农村的代名词。推进新时代的乡村全面振兴，吴江区以开弦弓村为基础，将“江村”作为吴江名片和品牌，高起点打造“中国・江村”乡村振兴示范区，将资源和文化相似的村庄纳入同一片区，推动乡村振兴由“单打独斗”向“片区协同”升级，形成以环长漾、环鼋荡、环澄湖等片区为重点，辐射带动滨湖度假片区、沿运河片区、水乡溇港片区、水乡森林片区、环北麻漾片区协同发展的乡村振兴新格局，让片区的“各美其美”成就“江村”的“美美与共”。与此同时，在推进农业产业化上，扶持壮大“吴江大头菜”“吴江香青菜”“吴江太湖大闸蟹”等具有地域特色的产业集群，积极培育雪里蕻、苏州青等全国名特优新农产品。在打造宜居宜业和美乡村上，加快推进环长漾新时代鱼米之乡“最江南”样板区建设、协同打造环澄湖片区田园水乡生活典范、推动环元荡国际生态文旅湖区建设，建成中国美丽休闲乡村 3 家、中国传统村落 2 家、省级特色田园乡村 17 家、省级传统村落 10 家。多措并举集聚乡村振兴“最强大脑”，通过推出《乡土人才培养激励办法》《基层农业农村专业人才培养实施意见》《新型职业农民认定管理办法》等一系列利好政策，分层、分类、分专题开展高素质农民培训，健全新型职业农民社会保险补贴政策，培育引进“土专家”“田秀才”“乡创客”，促进农业农村专业人才队伍壮大。

二、“人文经济”激发乡村全面振兴功能

推进新时代乡村全面振兴，我们还面临许多固有的挑战，“农业基础还不稳固，城乡区域发展和居民收入差距仍然较大，城乡发展不平衡、农村发展不充分”的现实问题仍需破解。随着农业农村现代化进程的加快，广大农村地区对获得公平发展机会、共享发展成果、提升生活品质抱有更高的期待，需要在推进乡村发展、乡村建设、乡村治

理等方面不断注入人文的力量，让文化与经济高度互动、体现人文关怀的特色性“人文经济”，为现代化的乡村振兴赋能增辉。

（一）以人文经济托起产业兴旺“新场景”

产业兴旺是乡村振兴的基础和前提，也是实现乡村振兴的关键。2024 年中央一号文件对乡村产业高质量发展提出了新的时代要求，指出要“提升乡村产业发展水平，促进农村一二三产业融合发展，推动农产品加工业优化升级，推动农村流通高质量发展，强化农民增收举措。”近年来，乡村产业虽然发展势头良好，新产业新业态蓬勃发展，但与高质量发展要求仍存在差距，在产业规模小、主体弱、链条短、同质化等问题上，仍需进一步挖掘农业产业发展新场景，推动乡村产业链条升级，做优做精特色优势产业，提升乡村产业发展水平。

（二）以人文经济引领和美乡村“新风尚”

和美乡村是新时代文化兴盛之美、生态文明之美、社会和谐之美、人民幸福之美的乡村版诠释，彰显了中国式现代化建设中物质文明和精神文明协调发展、乡村环境塑形与乡村文化铸魂齐头并进的新愿景。2024 年 4 月，江苏发布首批宜居宜业和美乡村名单，南京江宁佘村社区、无锡惠山桃源村、苏州吴江开弦弓村等 1241 个行政村（涉农社区）榜上有名，吹响了引领和美乡村“新风尚”的号角，如何推动乡村整体化设计、组团式发展、差异化布局，加快宜居宜业和美乡村串点成线、连线成片，仍需进一步探索实践。

（三）以人文经济夯实乡村治理“新路径”

要实现乡村振兴，必须以推进乡村治理现代化全面提升乡村治理效能。在推进新型城镇化、农业农村现代化进程中，城乡利益格局、乡村社会结构不断调整变动，随着经济社会的发展，农村居民的美好生活需要日益多元，这些都严重影响着乡村治理环境的变革。需要各地在改革和完善乡村社会治理方式，不断激发村民共建共治的参与热情，拓展智慧治理应用场景等方面开启“五治融合”基层治理破圈探索，实现智慧、产业、人本的“治理共同体”，绘就乡村多元共治的“同心圆”。

（四）以人文经济激发乡村振兴“新动能”

当前农村居民消费需求梯次升级趋势明显，发展型消费指数比例持续攀升，反映出农村居民对高品质生活的追求。如何在供给侧打造农村消费市场新的经济增长点，在需求侧进一步激发消费潜力成为乡村振兴内在发展需求。高质量乡村振兴与高质量人才息息相关。在乡村振兴系统工程中，如何集聚产业发展人才、乡村治理人才、农业科技人才等至关重要，也是破解“谁来种地”“谁来治理”的关键所在。乡村高质量发展离不开农业新质生产力赋能，如何通过农业科技创新、数字化应用推动农业全要素生产率大幅提升，实现农业生产的绿色、集约、高效发展，需要进一步拓展发展空间。

（五）以人文经济勾勒生态宜居“新画卷”

乡村振兴，生态宜居是重要前提，良好生态环境是农村最大优势和宝贵财富。党的二十大报告提出：“全面推进乡村振兴”“牢固树立和践行绿水青山就是金山银山的理念，站在人与自然和谐共生的高度谋划发展”“持续深入打好蓝天、碧水、净土保卫战”。江苏作为农业大省和经济强省，有责任有担当在推动农村生态系统健康、生态资源高效利用、农业环境污染治理、农民居住环境改善等方面描绘“新画卷”，真正将良好的生态资源转化为推动产业绿色发展新动能，使农民在享受绿水青山的同时也能收获金山银山。

三、践行“人文经济学”的铜官山探索

在新型城镇化的进程中，以城乡融合发展缩小城乡差别是不懈的追求，乡村的“落后”与城市的“发达”始终是被折叠的两个扇面。从传统的发展眼光看乡村，无论是资本、技术还是人才，乡村的要素资源都落后于城市，而从新时代人文经济学视角看乡村，乡村生态资源、文化资源则具有极大的增值潜力。“从人文经济学视角看待发展，坚持以人为本、文化赋能、以文兴业，在发展中推动人文与经济交融共生，是对人民幸福、文化繁荣和经济高质量发展这三个维度的系统性统筹，彰显了高质量发展的人文价值取向。”[①] 总体来看，人、文化、

① 吴军：《研究“人文经济学”，激活高质量发展新动能》，载《光明日报》2023 年 9 月 18 日，第 16 版。

经济等构成了人文经济学的核心要素，也是建设人文乡村的关键支撑。铜官山村以“人”为核心关注点、以“文”为关键支撑点，以“经济”为发展着力点，基于新时代人文经济学视角，结合乡村发展新特点，创造性地开展工作，推动乡村发展再上新台阶，书写出“人文乡村”建设的新篇章。

（一）以“人”为核心关注点，塑造人文发展“新优势”

在人文经济学中，“人”是核心关注点，要求以“人”的视角回答发展为了谁、依靠谁的问题。在社会生活和生产中，生产力是最活跃最革命的因素，而人民群众是推动生产力发展的决定性因素，也是社会物质财富和精神财富的主要创造者。在铜官山村推进乡村振兴过程中，我们看到，始终坚守人文经济的发展理念，始终尊重农民的主体地位和首创精神，把村庄经济社会发展的成效与村民的切实需求和发展追求作为发展的着力点，推动文化与经济融合发展。

图4-2　2024年第四届中国新农民故事会场景之一

培育聚人气的好队伍。着力配强村级“带头人”，提升组织带动引领。铜官山村顺应党建新常态，建设“双强型”堡垒，努力打造以村级带头人“头雁领航”，以村级“两委”班子成员为龙头，党员队伍为主体的组织体系。结合区域特征、村民户数及党员规模等因素优化整合为四个网络，并将党建网格和社会治理网格“两网融合”，明确各自网格内红色先锋站兼具对应网格内的社会治理服务站功能，通过“两网三治”网格化管理，充分激发村委干事创业的激情活力，呈现出“民富、村美、风气好”的崭新风貌。这一切都得益于铜官山村党组织领导的示范带动作用，更离不开党委书记程刚的奉献精神和对家乡的无限情怀；壮大志愿服务队伍，广泛开展志愿帮扶。铜官山村充分挖掘本土人才、“五老”、党员、党建共建单位等资源成立志愿服务队伍，注册志愿者 1380 余名，形成了良好的志愿服务氛围。常态化开展义剪义诊、环境保护、低碳出行、文明倡导、困境儿童、困境老人等志愿服务活动。其中最具特色的是“五老”志愿服务项目，该项目主要由优秀“五老”志愿者为未成年人宣讲革命斗争故事、家风家训、改革开放、人文历史等，从小培养未成年人文化内涵；培育新型农民，增添乡村振兴动能。在乡村振兴战略背景下，村党委不断完善人才培养体系，与镇、村企业联手制定人才引进政策，从技术、资金、人员等多方面为创业者提供有力保障。同时，以农村青壮年、返乡农民工、回乡大学生等为重点，通过与涉农高等院校、涉农职业院校联合办班、委托或者定向培养，培育一批具备先进经营管理理念，掌握现代农业生产技术、灵敏捕捉市场信息的新型职业农民。

打造聚人气的好环境。人与自然和谐共生是生态环境建设的核心目标之一，铜官山村始终坚持以绿色发展、以人为本的价值导向，打造人与自然和谐共生的村庄共同体建设。绿色发展，勾勒和美乡村山水图。积极践行“两山”理念，用好“一山一城”的特色资源，启动生态保护修复工程，对山体进行了补绿增绿。2024 年 1 月，常熟首个综合性生态损害赔偿示范基地——铜官山生态环境损害赔偿公益修复基地在铜官山村落成。铜官山村以此为契机，进一步完善森林保护机制，把修复基地的强大“势能”转化为守护生态的不竭“动能”，展现出人文、自然和谐共生之美；环境提升，绘就和美乡村新风貌。铜官山村以“千村美居”工作为抓手，厚植生态宜居“新沃土”，按照自然环境、产业基础、区位优势、人脉文化资源等特点，科学编制建设规划，以铜官山区域为中心辐射至整个铜官山村，以千村美居为抓手加快打造“美丽乡村”升级版。进一步完善基础设施和公共服务设施配套，实施农村公路提档升级、安全巩固提升等行动，补齐农村基础设施短板，深入开展农村人居环境整治，加快推进村庄整治及长效保洁管理措施落实。

图4–3　平巷里花海

构建聚人气的好机制。在乡村振兴战略中，村民是最直接的受益者，更应是最直接的参与主角。乡村治理效能的实现离不开村民的有效参与，只有激发村民自治内生动力，才能形成乡村活力发展的人文环境。铜官山村以民主议事为抓手，构筑村务管理、决策、治理、监督的全闭环，创新性走出了一条共商共信、共建共享的乡村治理新路子。激发村民参与乡村治理的热情。以党组织为核心领导，构建村民议事平台，听取民意、汇聚民智，积极推动村民作为乡村发展的主体力量，建立“6+X”村民议事机制，结合“星级文明户”等评比内容，持续推广和深化文明有“礼”积分考核制度，通过每月进行评选公示，设置不同星级奖励，量化村民参与人居环境治理、文明创建等村级事务的情况，增强村民的参与感、荣誉感，形成和谐相处的治理格局。以数字化提升乡村治理的现代化水平，通过开发村级综合系统——“数字乡村”软件，集成指挥管理系统、铜官山乡村乐园小程序来完善乡村治理和产业发展，从而提高村民生活水平和建立农民自有的智能生活价值体系。铜官山村以“党建＋网格”的形式，完善网格化治理，细化网格单元，推动管理和服务下沉到网格。完善网格运行机制，发挥网格力量，主动对接村民需求，推动线上线下相结合，提高服务质量和效率，全村共建共治共享的思想共识更加凝聚。

实现聚人气的好生活。铜官山村党委始终坚持共享发展理念，坚持人民至上价值追求，在生活宜居建设中把乡村建成令人向往的美好家园。优化村民居住环境。铜官山村不断提升全村农房品质，有序推进农房改造建设，在保留农户原有宅基地的基础上，充分利用沿河沿街和丘陵特色，形成江南水乡和丘陵庭院两大新农村特色。积极打造村庄街巷和优化公共空间，采用木屋结构构建富有江南地域特色的乡村振兴学院、文明驿站、书场、茶亭休闲设施、文化礼堂等。道路、墙面铺设砖瓦，用瓦、罐堆砌成景观小品，绿化美化街巷院落，建成各级各类“美丽庭院”示范户。增强村级社会保障。为丰富村民业余生活，建设农民小公园、健身场、篮球场、老年活动室、农家书屋、电子阅览室、居家养老服务中心、远程教育站等休闲活动场所。村级设立社会保障基金用于全村60周岁以上老人的合作医疗缴费、重疾险、重阳米发放、困难救助等民生福利工程。建立村级医疗保障制度，通过建立合作医疗制度、村医服务站、远程医疗等方式，提高村民就医便利性和医疗保障水平。建立村级养老服务体系，通过发展村级养老机构和村志愿服务团队，为老年人提供如日间照料、社区养老等更加贴近生活和实际需求的养老服务。

（二）以“文”为关键支撑点，拓展文化赋能“新空间”

在人文经济学中，“文”是关键支撑点。在2003年的“千万工程”启动会上，习近平同志强调：“要正确处理保护历史文化与村庄建设的关系，对有价值的古村落、古民居和山水风光进行保护、整治和科学合理地开发利用。”一场农民故事会、一个乡村乐园带火了一个乡村，是铜官山村的真实写照，也是铜官山村文化产业赋能乡村振兴、发展人文经济的最新成果。近些年的发展中，铜官山村不断传承乡土文化放大文化的社会价值、以文兴业激活文化的经济价值、涵养乡风文明厚植文化的美育价值，拓展了人文经济的“新空间”。

以文铸魂，挖掘传承乡土文化。乡村是中华优秀传统文化的重要载体，广袤的乡土，既有古村落、古建筑、文物古迹、农业遗迹等具有农耕特质、民族特色、地域特点的物质文化遗产，也有民间艺术、戏曲曲艺、手工技艺、民俗活动等非物质文化遗产，这些既是乡村独特的文化标识，也承载着人们的文化乡愁。铜官山村历史悠久，地理环境和自然条件优越，是长江文明、江南文化的重要源头，位于常熟市西北的福山片区，也是常熟历史的发源地之一，所谓“一座常熟城，半部福山史”，铜官山的美丽“出圈”就从亮出这一张靓丽的历史文化名片开始。加强历史文化资源的挖掘、保护和利用。对聚福塔、南沙城城垣遗址、烽火台、摩崖石刻、七峰亭等历史遗迹进行整体修缮。充分挖掘历史文化资源，建成兼具宣教和传承双重功能的长江历史文化馆、城垣遗址、吴方言馆、溯源馆等物质文化载体，尤其是长江文化主题展览馆，以万里长江、常熟与长江、长江大保护三个展陈呈现常熟的吴文化历史脉络、长江文化以及江南文化的传统内涵以及当代价值。对历史文化资源进行创造性转化和创新性发展。只有把乡土特色文化融入乡村建设中，方能在丰富农民精神文化生活的同时，更好延续乡土文化根脉。加强保护七峰碧螺春制作技艺、上正梁、荡湖船表演队、竹艺编织匠人等符合本地文化传统特色的民俗节庆，鼓励支持单位和个人结合民俗节庆开展非物质文化遗产代表性项目的展示、展演等活动。将常熟市非物质文化遗产碧螺春炒茶技艺点落地铜官山村，设立同观山庄传统技艺制茶车间，以老茶艺师傅的现场演绎让游客现场体验制茶中杀青、揉捻、显毫、烘干等工序，感受中华非物质文化遗产的独特魅力。

以文化人，涵养乡村文明新风。乡风文明，关系到整个农村发展的精神风貌，是乡村振兴之“魂”，具有“生产、生态、生活、文化和教化价值”，铜官山村积极建强文化阵地、广泛开展文体活动、探索长效机制，厚植乡村文明新风。建强文化阵地，留住乡愁记忆。铜官山村新时代文明实践站结合本村实际，升级改造理论宣讲、市民教育、科普宣传、文化活动等功能室，以铜官山乡村乐园的振兴学院、历史文化馆、农耕文化园、乡村大舞台等活动场地作为支点，连点成片，形成合力。自办文化活动，丰富文化内涵。开展农村文化传承、道德模范评选、文明家庭、洁美家庭等各类创建活动，形成爱党爱国、尊老爱幼、互帮互助等文明乡风，形成了好风气的宜居乡村。结合端午节、中秋节等重点传统节日，组织开展优秀民俗文艺团队大巡游、民俗文化创意集市、民俗游艺互动大赛等多种形式的系列文化活动。举办铜官山民间民俗文化艺术节，组织来自海虞镇本土的特色民俗文化团队，邀请周边乡镇及全国各地民俗文化艺术家，以文化为媒打好“合作牌”，放大“多元文化”交相辉映新优势。探索长效机制，村民唱响主旋律。将人居环境整治、“千村美居”长效管理、文明城市创建和垃圾分类等工作写入《村规民约》，先后出台《铜官山村“大扫除”考核办法》《铜官山村“五星级环境整洁家庭”评定考核办法》《铜官山村人居环境长效管护制度》等，形成对村民的道德约束，强化宣传和激励约束作用，开展法治教育，形成自觉守法、办事依法的良好法治环境，培养村民良好的生活文明习惯。以文明有“礼”积分管理实践，激发村民共建美好家园热情。

以文为脉，打造示范样板区。传承体验农耕文化。以插秧、采摘、农事劳动等体验为核心，规划设立种植园、采摘园、共享农园、农具展示馆等。以非物质文化遗产体验为核心，重点打造茶文化主题区域，以茶文化体验、苗木、果树种植和轮作体验为主，打造休闲体验、采摘观光等农俗农事体验项目。将农事活动、农耕文化与农业知识相结合，体验农业劳动生活，参与感受农耕、感受农趣，结合四季更替、中国传统文化和农历 24 个节气，不定期组织推出各项亲子农事体验活动，在丰富多彩的农事体验活动中，返璞归真回归大自然，感受乡村文化乐趣。抓好红色教育游。在铜官山村乐园入口处布设党史主题广场——海棠花红党史广场，打造抗战铜官山历史文化馆。依托乡村振兴学院，开设红色经典故事课堂、诵读党史故事，让红色基因在社区家庭中代代传递；创新亲子研学和科普教育。以青少年研学产品为核心，结合自然环境资源，铜官山乡村乐园建设有杂交水稻科普馆、蔬菜科普区、军事模型展览区、时代印记老物件展示科普等，充分利用铜官山村乐园的场地优势，通过举办丰富多彩的特色科普活动，融入自然、近距离接触，在知行合一的生动科普教育实践中，传播农耕文化知识，激发对传统文化的兴趣，体会传统文化的魅力。

（三）以“经济”为发展着力点，激活人文乡村“新动能”

在人文经济学的命题中，“经济”是最终落脚点，也是发展的着力点，正所谓“兴一个产业，活一片经济，富一方百姓”。铜官山村在乡村产业振兴过程中，以实现共同富裕为目标，突出共享平台打造，在产业融合、资源特色、品牌打造方面不断“破圈”，通过兴业态、补链条、强龙头、树品牌，拓展富民增收产业，壮大农村集体经济，不断丰富了人文经济内涵。

深挖资源显特色，由“小产业”向“大引擎”突破。产业振兴要立足当地特有资源和环境，探索和开发自身潜在优势，整合资源要素，将乡村优质资源转化为产品优势，在特色产业上做大做强，才能真正实现“一方水土育一地产业”的目标。山水相依，生态环境优美是铜官山村的资源优势，也是铜官山将资源优势转化为发展优势的重要依托。用好“一山一城”特色资源。2019 年开启向生态求效益的“养山”之路，土壤加固、播撒草种、植树栽林，不遗余力修复受损山体。铜官山的土质适宜茶树生长，开辟了 500 多亩茶园，通过积极发展特色农业，中部山地发展茶叶，南北两端建立千亩农场，东部开发千亩苗木和花卉培育基地，逐步形成了以茶叶为主导，花卉、林果等特色种植业多元发展的新格局；以文兴业，用好文化资源优势。村委深入挖掘铜官山村1700年的常熟“南沙古城”文化历史，因地制宜打造铜官山乐园，结合地方语言文化、红木雕刻、碧螺春茶工艺等一批非物质文化遗产，造就了属于铜官山村的独特文化名片，使铜官山村成为远近闻名的乡村旅游打卡胜地。

塑造品牌强推介，从“无人知”向“众人晓”突破。利用“一会一节”传播品牌价值。铜官山村“火爆出圈”最早来源于2020年作为苏州市“中国农民丰收节”主会场，随后2021年成功举办首届“中国新农民”故事会。一次高调亮相，让铜官山在短短一年的时间“一炮打响”，后期有效借助“中国新农民”故事会和央视平台、新华社的媒体曝光度因地制宜打造农文旅产业，从“偏僻地”蜕变为“幸福村”，成为新晋网红打卡地，呈现出常熟新农村的“美丽一隅”，更呈现出乡村振兴万千发展故事的“精彩一角”。如今已连续举办三届的铜官山成为“中国新农民故事会”永久会址，致力于将盛会打磨成展示新时代新农民精神风貌的精品活动、助力来自五湖四海的“中国新农民”讲好逐梦乡村的“三农故事”。秉承“满足人民日益增长的美好生活”的思路，铜官山村的农产品坚定“绿色生态健康”方向，通过质量、品牌赢得口碑。铜官山村品牌的农产品已成为当地农产品中的一个亮点，吸引更多人关注铜官山村，同时游客的到来又带动销量，实现农业与旅游业的共同发展。

产业融合辟新路，从“老把式”向“新生代”突破。依托优质生态资源，聚力打造铜官山乐园项目。结合铜官山果蔬产业主题形象IP，探索沉浸式户外自然乐园新模式，打造首个乡村自然主题情景演绎乐园。乐园中设置了冒险蚁穴穿梭、迷失农庄、欢乐果蔬雨林、勇斗茄子法师、遭遇蝗虫怪、营救番茄诗人等特色主题项目，除了主题性游乐区域，园区内的儿童成长中心设有研学教室、轻餐区域，给游客带来“食学游购娱”一站式游玩体验；盘活闲置资源，放大共享经济平台效益。铜官山村突出共享经济平台搭建及富民产业导入，村委向村民租赁闲置的民宅，修缮改造为餐厅、民宿、咖啡厅等。将 13 户闲置农房改造建成观山云隐民宿酒店，酒店充分融入江南文化元素，凸显稻花乡里的农耕田园格调，将现代化和乡土风情完美融合，成为铜官山乡村乐园的新亮点。依托共享经济平台，将农村集体经济组织与多元市场主体进行有效联结，有效带动周边农民在餐饮、民宿和特色农产品生产销售等方面共享产业增值收益，不仅盘活了乡村闲置资源，而且通过带动农民创业就业增加了农民收益；突出组团发展，打造特色农文旅品牌。铜官山村农文旅发展注重发挥组团优势，打造铜官山乡村振兴学院、常熟铜官山长江文化主题展览馆、南沙城城垣遗址、摩崖石刻、虞乡里茶溪谷、国防教育展示区等各类实训场地，形成融绿色循环农业、创意农业、农耕体验、休闲度假、文化传播、旅游观光、产品展销等于一体的田园综合体。

培育主体强支撑，从“小农户”向“大市场”突破。新型农业经营主体作为农业农村先进生产力的代表，现实回答了“谁来种地”“怎么种好地”的时代之问。铜官山村聚焦“土特产”文章，通过新型农业经营主体的建设，用“一粒米”“一杯茶”“一颗果”带动“一条链”。建立专业合作社，促进农业规模发展。组建成立了米业、林果、茶叶、农机等专业合作社，尤其是 2011 年，铜官山村链接郑家桥村、肖桥村、徐桥村等 7 个村 3000 多位农户，按照“政府投资、农民入社、职业经理人运营”的模式，创建了提供“种、苗、粮、产、加、销”全产业链服务的常熟虞盛农产品专业合作社，吸纳和惠及周边3800多户农户，每年贡献村级财力100万元，提供就业岗位260个，先后获得“国家级农民合作社示范社”“全国农民专业合作社加工示范单位”“省民营科技企业”等荣誉；壮大龙头企业，不断延伸农业产业链条。常熟市海虞茶叶有限公司由七峰地区多家历史悠久的村镇茶厂组建和转型而成，致力于创建茶文化特色的共享村庄项目，除了种茶、销售茶叶外，还提供茶园山景、休闲品茗、茶艺体验等项目，注册“沙家浜”“七峰”牌商标，增加农业产业附加值，不断延伸农业产业链条。

四、“人文乡村”赋能“人的全面发展”

“一切人的自由发展”[①]是马克思主义关于人的解放和发展思想的价值主题和行动目标。中国式现代化囊括了以人民为出发点和落脚点的社会主义发展目标和价值旨趣。铜官山村在践行人文经济学的行动中，始终突出村民作为乡村振兴的主体地位，发挥村民作为乡村建设的主体力量，实现村民作为乡村共富的主要受益者，在共建共富共享的乡村振兴实践中，实现“一切人的自由发展”，为以人文经济学引领乡村全面振兴提供了重要的借鉴与启示。

（一）以人民为中心提升民生福祉

中国式现代化是“物”的现代化，更是“人”的现代化。人文经

① 《马克思恩格斯选集》第1卷，人民出版社1995年版，第294页。

济学坚持以人民为中心，以实现人民福祉为最终归宿，将人们对美好生活的向往作为经济发展的出发点和落脚点。“乡村振兴不是简单的村庄发展，也不是单纯的发展农村经济，其本身是现代化发展过程中必不可少的环节，其根本出发点着眼于满足人的需要、解决人的问题、关注人的发展，真正实现以人为中心的乡村振兴。”① 因此，将人文经济学理念运用到推动乡村全面发展过程中，必须坚持人本化、生态化、数字化、多元化的建设方向，突出人的公共保障、品质生活、增收创富、人文关怀等民生福祉。

引导人才队伍投资和建设，提升乡村居民人力资本。乡村发展，关键靠人。要把教育和培养人的工作作为乡村振兴工作的核心内容，完善乡村人才培养和引进机制，锻造一支农业技能人才和农村社会管理人才，为乡村振兴战略供给源源不断的人力资本。发展集体经济，增强农民集体行动能力和社会资本。通过升级农村产业结构，优化集体经济组织，促进农村集体经济状态，扎实推动共同富裕。根据各地资源禀赋，培育壮大新型农业经营主体，以“龙头企业 + 合作社 + 农户”“农业龙头企业 + 规模养殖户”等模式充分发挥家庭农场、农业合作社的集约效应。通过推进农业供给侧结构性改革，不断延伸农产品产业链条，提升农产品市场竞争力和农业产业效益，延长农民增收“价值链”。推进城乡融合发展，促进农民群体的现代化转型。党的二十届三中全会把完善城乡融合发展的体制机制作为深化农村改革的重要抓手。要通过体制机制创新，打破阻碍要素流动的壁垒，促进城乡要素平等交换、双向流动。“促进县城产业配套设施水准提升、公共服务体系相对完善、县镇与乡村功能衔接互补，让农业转移人口在

---

① 左停、刘路平：《共同富裕和人的全面发展视域下的乡村振兴》，载《贵州社会科学》2022 年第 2 期。

教育、医疗、就业以及养老等切身利益方面享受到城镇居民的同等待遇”①进一步增强城乡发展的协调性、均衡性。

（二）以治理有效增强文化自觉

村民是乡村的主人，乡村是村民的家园。在乡村建设中，村民不仅仅是农业发展与农村发展的被动享用者，更应是乡村治理的主要参与者甚至决策者，村民主体身份的自我认同和自我价值表达是乡村文化自觉的重要表现。铜官山村在乡村振兴实践中，始终把牢村民第一身份、凸显村民主体地位，通过村级积分制管理的正向激励，让村民变“看客”为“决策者”，在乡村公共事务治理中充分发表意见和建议，将村民的发展需求作为村级发展的第一要求，形成了共建共治的良好局面。因此，以人文经济学引领乡村振兴，要鼓励农村群众以自觉的认识态度积极主动参与村庄公共生活，讨论村庄公共事务与未来发展方向，以应对社会变迁带来的种种挑战，尤其是在乡村治理领域，更要聚焦治理有效，提升农民的文化自觉性和自我价值感，以基层微治理激发乡村内生力。

探索推广多元共治的乡村治理模式。有效发挥基层组织的引领和帮扶，丰富拓展百姓议事厅等民主实践，如苏州市吴江区深化“援法议事”实践，创新协商议事形式和载体，“红帆议事”“阿婆茶”“事解江村”“百姓茶馆”“园村共议”等一批特色品牌值得借鉴推广，形成共建共治共享的基层治理格局；深化数字赋能，为乡村治理插上“云翅膀”。建立一站式、全场景、全链路的数字化综合治理服务平台，

① 李程骅：《强化新型城镇化牵引，实现更高水平城乡融合发展》，《新华日报》2024年8月13日，第11版。

创建数字服务、数字治理、数字监管、数字文化等数字治理体系，创新应用矛盾调解、隐患排除、人居环境整治、村务村情公开、政务服务等各种需求场景，真正实现平台服务高效、智能互动的“零距离”。同时，配合组建网格长、网格督导员、网格管理员、网格信息员、网格巡查员“一长四员”管理队伍，以“一网联动、多方协作”实现人在“网”中走，事在“格”中办。

（三）以弘扬传承厚植人文底蕴

文化让乡村有了独属的“根脉”。中华优秀传统文化为我国现代化经济体系提供了丰富的文化滋养，也是现代化经济体系的文化根基。铜官山村充分利用南沙古城历史资源，激活摩崖石刻等历史文化遗存，立足乡土特色，结合乡村文旅融合发展需要，将具有强烈文化地域属性的历史文化元素融入乡村发展的硬件和软件中，让游客在游览观赏的同时，产生有归属感的文化认同，使历史文化资源在保护中得到了传承和创造发展。因此，以人文经济学引领乡村全面振兴，要聚焦文化建设，促进乡村文化资源的激活与创新，把文化振兴作为乡村振兴的铸魂工程，深挖乡土文化特色，厚植文化底蕴，着力打造有精神、有底蕴、有价值，具有核心竞争力的文化品牌，激活乡村振兴“软实力”。

乡村文化是中华民族的文化底色，也是乡村振兴的价值引领和精神动力源泉。传承保护村落肌理，留住诗意乡愁。在建筑空间布局与乡村景观设计中，延续好乡村传统格局和肌理，做好乡村整体风貌和形态的留存，将历史文化、山水文化与乡村规划建设相结合，促进乡村美景、民间记忆与百姓创造相融共生；做好乡土文化传承，凝聚文化合力。乡村文化是乡村居民的共同记忆和情感纽带，要有效拉动和丰富充实诸如节日庆典、文娱生活、非遗保护、乡风培育等内容，增强乡村文化活动的交互性，增强乡村居民的归属感和凝聚力；创新数字技术应用，催生文化新业态。利用 VR 、3D 、交互投射等新数字技术，打造特色文化线上展示与演艺平台。例如，发展乡村剧场演绎，多维度展现乡村的时代变迁，提高民俗文化、农耕文化等乡土文化影响力。推动“村晚”“村超”等新业态发展，为农民提供展示自我、交流情感和享受文化的平台，激发新时代乡村振兴的文化活力，唱响新时代精神文明和谐乐章。

（四）以发展为要强壮共富共享根基

在新时代人文经济学视域下，经济发展创造文化价值、塑造人文精神，丰富文化内涵，经济发展对人文经济具有重要的支撑作用。“人文经济学的实践，不仅仅是文化与经济的简单叠加，其实质是将丰富的文化资源转化为经济高速发展巨大动力的‘关键一跃’。”①乡村振兴战略中，只有将发展作为推进乡村进步的第一动力，才能为实现“以人民为中心”的物质支撑。铜官山村在乡村振兴实践中，突出共享经济平台搭建及富民产业导入，有效带动了周边农民在餐饮、民宿和特色农产品生产销售方面共享产业增值收益，通过以工强村，不断壮大村级集体经济财力，实现村民共享发展成果。因此，以人文经济学引领乡村全面振兴，要做好富民产业发展，聚焦产业振兴，培塑农文旅深度融合发展新业态。

构筑乡村“文化艺术院落”，打造乡村文旅新“地标”。充分挖掘

① 王俊：《理解人文经济学发展经验的四个面向》，载《探索与争鸣》2023 年第 9 期。

农耕文化、乡村手艺、乡村节日与风俗等乡村文化资源，活化利用乡村闲置院落，吸引艺术机构入驻，通过打造“文化艺术院落”在游客、文化产业人才、村民之间构筑新型交流空间。打造乡村特色小镇，拓展发展边界和空间。各地可依托历史风貌、自然景观、农业景观、民宿风情等资源禀赋特点做优小镇精品工程，结合田园亲子、青年玩酷、中年养生、老年养老等旅游消费需求，导入“购、娱、学、养、思”等消费项目。打造休闲农业、农业研学旅游等新业态。扩展视野，多向学习。韩国的休闲农业的周末型农场、“观光农园”，日本的生态交流型旅游，欧洲的乡野农庄型的“民宿农庄”“度假农庄”“露营农场”，适应欧洲居民习俗的骑马农场、探索农场等都是有益的借鉴。铜官山村可以自身的资源特色、区位特点以及成熟的农文旅一体运营模式，建立产学研一体化的平台、示范农业园区以及农业科普馆，形成集观光、教研、科普、示范等为一体的载体空间，让乡村大地绽放出更加烂漫的人文经济之花。

第五章

党建引领乡村振兴的“铜官山经验”

党的十九大报告明确提出实施乡村振兴战略，“农业农村农民问题是关系国计民生的根本性问题，必须始终把解决好‘三农’问题作为全党工作重中之重”。党的二十大报告进一步指出要“增强党组织政治功能和组织功能”，强调“坚持大抓基层的鲜明导向，抓党建促乡村振兴”，“把基层党组织建设成为有效实现党的领导的坚强战斗堡垒”，确保乡村振兴战略顺利实施。铜官山村作为苏南“后发”乡村的典型，能够在新时代乡村振兴中快速崛起，关键在于发挥了基层党组织的先锋带头作用，以党建引领乡村振兴的各项工作，为持续推进的改革创新行动提供了坚强的保障和持续的动能。

一、强化党建对乡村振兴的核心引领

（一）新时代党建引领乡村振兴的根本要求

2016 年 4 月，习近平总书记在安徽凤阳小岗村农村改革座谈会上指出：“党管农村工作是我们的传统，这个传统不能丢”。2018 年、2019 年、2021 年的中央一号文件相继提出“扎实推进抓党建促乡村振兴”“制定落实五级书记抓乡村振兴责任的实施细则”“持续抓党建促乡村振兴”的要求。2023年12月中共中央组织部召开的抓党建促乡村振兴推进会再一次强调，要深入学习贯彻习近平新时代中国特色社会主义思想特别是关于党的建设的重要思想，贯彻落实党中央关于推进乡村全面振兴的决策部署。在新时代新征程中，党建在乡村振兴中扮演着十分重要的作用。对党建引领乡村振兴的规律性把握，为乡村振兴发展提供方法论支撑。同时，基层党组织借鉴“党建+村级集体经济”“党建+产业融合”等“党建+”模式，引领乡村产业，为乡村基础设施建设、乡风文明建设、乡村治理等提供物质支撑，推动乡村的全方面发展，助力乡村振兴的实现。

在2017年的中央农村工作会议上，习近平总书记强调：“办好农村的事情，实现乡村振兴，关键在党”。从党的十九大报告提出实施乡村振兴战略以来，全国各地纷纷探索加强党建引领乡村振兴的路径与实践经验，如党建引领乡村振兴的“齐鲁样板”“重庆案例”，党建引领乡村全面振兴的“江阴样本”等，都是根据当地实际情况制定的系统性政策举措及方略，且取得了一定的成果。在这些成功的示范性实践中，最具代表性的当属浙江的“千村示范、万村整治”工程。

2003年6月，时任浙江省委书记的习近平同志亲自谋划、亲自部署、亲自推动的“千万工程”，主要着眼于浙江农村经济粗放发展与解决乡村环境“脏、乱、差”的问题。二十一年来，党的全面领导，浙江的乡村建设从“千村示范、万村整治”到“千村精品、万村美丽”再到“千村未来、万村共富”，“千万工程”的内涵不断深化、外延不断扩展、成果不断放大，造就了万千美丽乡村，造福了万千农民群众。学习运用“千万工程”经验，扎扎实实做好抓党建促乡村振兴工作，为加快农业农村现代化、更好推进中国式现代化建设提供坚强组织保证。

“千万工程”重塑了农村人居环境。坚持“绿水青山就是金山银山”的发展理念，将生态环境保护作为政府在公共事务中的主要内容。坚持构建促进协作共治的实施机制，理顺政府、市场、农民等多元主体之间的关系。[①]促进了城乡融合发展。建设宜居宜业和美乡村，构建和谐的城乡关系。通过打通城乡要素自由流动的制度性通道，促进要素自由流动，缩小城乡之间在基础设施、公共服务、产业发展、精神文明建设等方面的差距。[②]乡村产业形成蓬勃发展态势。休闲农业、农村电商、文化创意等新业态不断涌现，带动农民收入持续较快增长，建成一批特色精品村、美丽庭院等，形成“一户一处景、一村一幅画、一线一风光”的发展图景。提升了乡村治理效能。逐步健全以农村基层党组织为核心、村民自治为基础、各类村级组织互动合作的乡村治理机制，乡村治理体系和治理能力现代化水平显著提高，农村持续稳定安宁。

“千万工程”对新时代乡村振兴具有方向性的引领作用。坚持党的建设与“千万工程”一体推进，把发挥党的组织优势作为关键抓手、把提高党组织战斗力作为重要保障、把锻造过硬骨干队伍作为力量支撑，是推动农村全面发展的成功实践，体现了党组织战略规划与统筹协调的关键作用。制定符合农村实际情况和发展需求的长远规划，明确了农村发展的目标和路径。协调各方资源，包括政府部门、企业、社会组织和农民自身，形成强大的工作合力，确保工程的顺利推进。制定并完善了一系列支持农村发展的政策措施，为“千万工程”提供了政策保障。在政策执行过程中，党组织发挥监督作用，确保政策的

---

① 参见王微、刘世华：《农村人居环境协作治理的实践路径——以浙江“千村示范、万村整治”经验为例》，载《广西社会科学》2020年第6期。

② 参见高鸣、郑兆峰：《宜居宜业和美乡村建设的理论逻辑与实践进路——基于浙江“千万工程”的经验与启示》，载《中州学刊》2024年第2期。

有效落实，保障资金、技术、人才等资源真正投入农村建设中，促进乡村振兴全面发展。

“千万工程”彰显出党组织抓基层、强基础、固基本的关键作用。坚持党建引领、党政主导，充分发挥党的领导核心作用，通过产业发展拓宽了农民增收渠道，壮大了村集体经济，为乡村振兴蓄力赋能。通过因地制宜制定适合本地的产业发展策略，促进一二三产业以及城乡之间的融合发展，将村庄整治与发展绿色产业、增强集体经济、完善乡村治理等相结合，实现美丽乡村和美丽经济的互促共进。通过强化系统观念，统筹城乡发展，推动城市资源向农村流动，促进城乡要素双向流动，形成村集体经济增长、产业化发展和乡村有效治理的目标。

（二）党建引领乡村振兴的创新实践

党的二十大报告指出，全面建设社会主义现代化国家，最艰巨最繁重的任务仍然在农村，提出坚持大抓基层的鲜明导向，抓党建促乡村振兴，为我们全面推进乡村振兴指明了前进方向和实践路径。坚持党建引领，对于推进乡村全面振兴有着十分重要的现实意义和长久深远的历史意义。

江苏是习近平总书记全面从严治党重大要求的首先提出地，党建对乡村振兴持续发挥着引领作用。2014 年，习近平总书记在江苏调研时首次提出“全面从严治党”，并将其纳入“四个全面”布局。江苏牢记总书记的嘱托，牢牢扛起主体责任，不断在全面从严治党上交出新答卷、开创新局面，推进党的建设持续迈上新台阶。2024 年江苏省委一号文件指出：“坚持以党建为引领促进乡村振兴。突出大抓基层鲜明导向，加强农村基层党组织建设，提升基层党建工作整体效能。”江苏在推动政治功能和组织功能等方面全面提升，切实把农村基层党组织建设成为推动乡村振兴的坚强战斗堡垒，在党建引领乡村振兴中走在前、做示范。抓组织、强功能，筑牢乡村振兴的“战斗堡垒”。党的力量来自组织，组织振兴是乡村振兴的基础和保障，聚焦增强党组织政治功能和组织功能，把组织振兴作为乡村振兴的重要之举，推动农村基层党组织全面进步、全面过硬。抓发展、强动能，培育乡村振兴的“产业支撑”。产业振兴是乡村振兴的重中之重，坚持抓实党建创特色，着力推动基层党建与产业振兴深度融合、互促共进，把组织优势转化为发展优势，在项目带动、资源盘活、金融支持方面江苏全省绘好“一张图”、织好“一张网”、下好“一盘棋”。抓服务、强效能，打造乡村振兴的“善治样本”。治理有效、乡风文明是乡村振兴的题中应有之义，也是农村基层党建的工作重点。深入推进以党建引领基层治理，健全自治法治德治相结合的农村现代化治理体系，努力构建共建共治共享的基层治理新格局。借鉴推广“千万工程”经验，发挥农村党组织引领作用，夯实善治基础、开展善治行动、塑造善治风貌落到实处。

苏州深入贯彻落实新时代党的建设工作新部署新要求，在以党建引领乡村振兴的战略行动中，注重与当地的经济特色和社会需求相结合，以党建工作引领高质量发展，在全省持续发挥着示范引领作用。大力实施基层党建“新时代新接力”工程，注重创特色、树品牌、攻难题、严治理，进一步建强织密组织体系，全面增强基层党组织政治功能和组织力，为乡村全面振兴注入强大动力。

在党建引领乡村振兴中提质增效。一是以头雁领航推动振兴雁阵“薪火传承”。牢固树立大抓基层的鲜明导向，持续夯实乡村振兴“基本盘”。制定实施《张家港市新时代加强村、社区党组织书记队伍建设五年行动计划（2022—2026年）》，选优配强村级带头人。探索实施村、社区书记跨区镇（街道）交流任职，带动区域连片示范发展。制定能上能下、鼓励激励、容错纠错“三项机制”，为敢于担当的基层干部鼓劲撑腰。二是以党建引领推动美丽乡村“连线成片”。立足强村群体优势，推动各类资源要素集聚下沉，以组织赋能助力乡村振兴示范片区建设。高质量完成红色美丽村庄试点建设，加快探索党建引领“红旅、文旅、绿旅、农旅”融合发展新路径，持续拓展村级经济增收渠道。三是以精细融合推动乡村治理提质增效。大力推进党建引领基层治理，建立健全“镇、街道—村—自然村—村民小组—党员群众”五级组织链条，深化“小区域·大党建”模式，形成村党组织与辖区内各类党组织共驻共建共治的基层治理格局。建成五级“海棠花红”先锋阵地，完善“一刻钟便民生活圈”。构建“代表大会议大事、党群议事议难事、小组议事议琐事”的自治体系，不断激发群众参与乡村治理的内生动力。

常熟在党建引领农业农村改革创新方面有优良传统。改革开放以来，“老支书精神”造就了一批全国闻名的村镇。进入新时代，坚持加强党对农村工作的全面领导，坚持重心下移、力量下沉，一以贯之、一抓到底，推动农村基层党建工作全面进步、全面过硬，奋力走出乡村振兴“常熟路径”。“党建＋特色产业”奏响“富民强村曲”。实施村党组织“村级经济增长行动计划”，鼓励各村因地制宜，瞄准特色产业，蓄力推进，全面推动农村经济发展和农民创业致富，探索出一条产业发展致富路。“党建＋文旅融合”奏响“生态美丽曲”。乡村振兴既要塑形更要铸魂，而文化恰恰是乡村振兴根魂所系。常熟作为一座拥有3000多年历史的文化名城，村村都藏着悠久的历史，通过农文旅融合发展，弘扬乡风乡韵，有效拓展了致富道路。“党建＋基层治理”奏响“文明交响曲”。如今的常熟，深入实施党建引领基层治理“根系工程”，村村形成基层治理“宝典”。聚焦“网格”单元，制定“红色网格”建设标准，建设“红色先锋站”，在网格内建立“村干部服务日”“党代表接待日”等制度，在村干部中推行村情民情“百问一口清”，做到“提户知人、提人知事、提事知情”，激活小网格、引领大实践，打通了联系服务群众的“最后一米”。

（三）抓实基层党建是推进乡村振兴的关键

农村发展，乡村振兴，关键在党。抓好农村基层党组织建设，既是实现乡村振兴的目标之一，也是乡村发展的根本保证。苏州及常熟立足基层党建工作实际，不断聚焦党建引领高质量发展的战略目标，持续增强党组织政治功能和组织功能，使党建成为引领基层治理和乡村发展的强大动力引擎，持续推动全面从严治党向基层延伸。

苏州及常熟抓实基层党建促乡村发展的实践及成效表明，抓好农村的各项工作，必须把握好推进农业农村现代化的方式方法。要强化政治引领，确保乡村振兴始终沿着正确方向前进。党建引领的前提是坚持和加强党的全面领导，核心是加强党的建设，目标是带领引导推动各项实际工作。政治引领是党建引领的首要任务。要始终坚持党的全面领导，充分发挥党在各项工作中总揽全局、协调各方的领导核心作用。要强化思想引领，凝聚起乡村振兴的强大精神动力。乡村振兴战略的实施关键在党的领导，其实施主体是广大农村中的农民，要保证乡村振兴战略的最终成功，对广大农民的思想政治工作必不可少，只有思想上的问题得到有效解决，才能正确落实乡村振兴战略的实施。要强化组织引领，夯实推进乡村振兴的组织基础和人才基础。把基层党组织建好、建强是推进乡村全面振兴的关键之举。2018 年 1 月 2 日，《中共中央 国务院关于实施乡村振兴战略的意见》指出：“要建立实施乡村振兴战略领导责任制，党政一把手是第一责任人，五级书记抓乡村振兴”。推进乡村组织振兴战略，强化组织引领，要“打造千千万万个坚强的农村基层党组织，培养千千万万名优秀的农村基层党组织书记”[①]。唯有如此，才能夯实农村发展的底盘。要以提升农村党组织组织力为支撑点，强化党建引领，对党员开展党史、党性教育，切实发挥党组织领导核心作用。全面推进乡村振兴，人才支撑是关键。人才振兴是乡村振兴的基础，党的十八大以来，我国在乡村振兴过程中高度重视人才的重要作用，先后出台了一系列的政策和举措，并取得了明显的成效。基层党组织要想方设法培养与发展农村人才队伍，强化农村人才综合素质。一方面，要提高乡土人才自身“造血”功能；另一方面要加大引导力度，吸引更多的人才扎根于农村。要不断优化乡村振兴战略下农村人才培养路径，坚持以政策资金吸引人才，以乡土情怀留住人才，以多元发展聚集人才，为促进“五大振兴”提供坚强的人才队伍支撑。

二、铜官山村推进党建创新的实践成效

全面推进乡村振兴是党和国家的重大战略部署，是不断推进中国式现代化的重要一环。党的二十大将乡村振兴推向国家战略高度，习近平总书记提出：“坚持农业农村优先发展，坚持城乡融合发展，畅

① 河南省党建研究会课题组：《坚持全面从严治党 强化农村基层党组织整体功能》，载《光明日报》2018 年 4 月 2 日，第 5 版。

通城乡要素流动。”加快建设农业强国，切实推进乡村产业、人才、文化、生态、组织振兴。推进中国式现代化，必须坚持不懈夯实农业基础，推进乡村全面振兴。党的领导是深化农村改革的政治前提。基层党建在乡村振兴中的作用非常关键。作为党的坚强组织力量和群众组织基础，加强党建工作能够为乡村振兴起到引领和促进作用，为解决“三农”问题提供有力支持。铜官山村在乡村振兴中紧紧依靠党组织核心，以夯实农村党组织自身建设为前提、以大力发展村集体经济为基础、以挖掘文化资源为支撑、以加快培养乡村人才为战略，以生态宜居为关键，以提升农村党组织治理能力为保障，不断探索创新方式方法，为苏州乃至全国新生代乡村的全面振兴，提供了极具价值的实践经验。

（一）优化党建组织架构与运行机制，探索高效乡村治理新路径

铜官山村党委下设两个党支部：网格支部和非公支部。其中网格支部分为第一、第二、第三、第四网格支部，非公支部分为福顺红木支部、虞盛农产品支部和铜官山村（两新）党组织第一联合支部。铜官山村党委坚持党建引领乡村振兴，狠抓乡村振兴各项工作落实。深度推进“123”党建工作法，强队伍、建机制、重保障，着力夯实党建引领乡村振兴工作基础。强化村党委领导核心地位和政治功能，充分发挥下属支部战斗堡垒作用，打造坚强严密的组织体系，不断提升工作合力。规范村委会及村务监督委员会运行，推行村级事务阳光工程，依托村民会议、村民理事会、村民监事会等多种形式，不断推动村级各项事务规范有序运行。

铜官山村结合村实际情况，不断增强党支部的凝聚力和战斗力，

各级党组织把学习纳入重要议事日程，书记亲自抓，领导带头学，党委会、支委会定期分析学习形势，形成党委统一领导、部门齐抓共管、一级抓一级、层层抓落实的工作格局。为切实加强对冬训工作的组织领导，铜官山村党委认真落实第一责任人职责，召开专题会议，村第一书记、联系村领导与党员们重点讨论冬训工作计划，督促村全体工作人员提高开展冬训工作重要性的认识。党员干部利用碎片化时间每天通过“学习强国”平台阅读要闻、学习新思想等不断提升自己更好地服务于大众。村通过微信网格员群、志愿者群等积极推送习近平新时代中国特色社会主义思想，结合全民阅读系列活动，寓学于乐。同时网格支部书记在开设的“夜间课程”为本支部党员讲课，介绍党的百年历史，学习党的奋斗历程，传达各会议精神。与各党建共建单位、优秀党支部的联学联训中，各党员发挥各自所长，弘扬理论联系实际，找问题的根，寻强村的魂。

图5-1　铜官山村“海棠花红”广场

（二）党建网格＋社会治理网络，不断完善村级治理体系

铜官山村不断探索自治、法治、德治、智治“四治融合”的社会治理新路径，以“援法议事”空间、“有事好商量”协商议事室为基础，搭建基层群众治理网格化新平台，切实把矛盾解决在萌芽状态、化解在网格内。铜官山村将党建网格和社会治理网格相对应起来，将原来的七个网格结合区域特征、村民户数及党员规模等因素，优化整合为四个网格，明确各自网格内的“红色先锋站”兼具社会治理服务站功能。“红色先锋站”成为网格支部的活动阵地，网格员巡查值守，同百姓群众紧密联系，掌握网格内各类信息情况，有效回应民意。目前“红色先锋站”已成为党员群众家门口的支部工作站、民情收集站、矛盾化解站、综合治理站和文化服务站，全面打通服务群众“最后一公里”，实现服务管理“零距离”赋能乡村振兴。

充分发挥“五民主三公开”，推进基层工作落实落细。按照“七步工作法”制定完善村规民约，通过三字经的形式，让村规民约在村民中得到普及。村级重大事项决策“四议两公开”100% 落实，使各项决策符合村民的意愿和利益。全面打造“6+X”民主议事平台、“有事好商量”协商议事室等多种民主协商形式，并把协商议事平台搭建到百姓“家门口”，真正“形成了民事民议、民事民办、民事民管的多层次基层协商格局。全面落实党务、村务、财务公开制度，制定完成铜官山村小微权力事项清单，把民主决策、民主管理、民主监督贯穿于村务公开全过程，做到村级事务全公开、全透明”。[①] 真正做到把权

① 参见程刚：《实干担当建设乡村振兴样板村》，载《群众》2024 年第 2 期。

力“晒”在阳光下，发挥“全过程人民民主”，让村民全过程参与到村级管理和监督中来，着力打造村民们安居乐业的美丽家园，全面提升党建引领的乡村治理能力。

（三）基层党建引领产业振兴，打开群众致富新密码

乡村振兴必须依赖产业发展。2022 年，习近平总书记在中央农村工作会议上的重要讲话指出：“产业振兴是乡村振兴的重中之重，也是实际工作的切入点”。党建引领是产业振兴的“定星盘”，务必要把党旗插在产业发展的阵地上，努力把党建优势转化为发展优势，把党建资源转化为发展资源，这样才能让产业强起来、人民富起来，助推产业高质量发展。

铜官山村“充分发挥基层党组织引领作用，大力扶持乡村特色产业发展，着力培育和壮大农业产业化合作社，积极推进农村产业融合，凝聚起产业兴旺、农民共富的强大动能”①。近年来，虞盛农产品专业合作社通过“政府投资、农民入社、职业经理人运营”运作模式，逐渐发展成一个覆盖“种、苗、粮”“产、加、销”全链型的农业龙头企业。合作社每年可贡献村级财力约 100 万元，解决季节性就业 1000 至 1500 人次，为实现富农强村目标提供重要支持。合作社获多项“国家级”荣誉。坚持绿色生态发展之路，坚定淘汰转移落后产能，聚焦“一粒米”“一杯茶”“一颗果”等“土特产”，支持虞盛农产品专业合作社、海虞茶叶有限公司、铜官山瓜蒌种植合作社做大做强，着力打造绿色生态产业园区。充分发挥紧邻高科技产业园区优势，大力发展

① 参见程刚：《实干担当建设乡村振兴样板村》，载《群众》2024 年第 2 期。

飞地经济，以工哺农，推动第一二三产业融合发展。

（四）基层党建引领人才振兴，培育乡村人才新引擎

乡村振兴，要凭人才。2022 年 4 月，习近平总书记在海南考察时指出："推动乡村全面振兴，关键靠人，要建设一支政治过硬、本领过硬、作风过硬的乡村振兴干部队伍。"以乡村人才振兴为引领，强化组织领导，要重点培育壮大懂农业、爱农村、爱农民的"一懂两爱"干部队伍，让干部敢为、地方敢闯、企业敢干、群众敢首创，在乡村大地上蔚然成风。

铜官山村坚持党建引领，不断创新人才工作机制，围绕"人才振兴助力乡村振兴"，立足村级产业发展，探索实践"党建 + 人才"工作模式，下好人才工作"一盘棋"，建强乡村振兴"主力军"，点燃乡村振兴"人才引擎"。一是注重年龄结构，夯实后备队伍。针对支部党员年龄结构老龄化现状，注重从毕业大学生、返乡创业青年等优秀人才中发展年轻党员，着力从农村致富能手等群体中选拔思想素质好、工作能力强、干事热情高的能人充实进村"两委"班子，进一步优化村"两委"队伍结构，提高村"两委"的凝聚力和战斗力。二是注重技能培训，深挖本土人才。进一步提高农村党员致富带富的意识和能力，党支部将党员培训阵地由课堂延伸到田间地头，鼓励引导乡土能人帮带有产业发展意愿的党员户，深入田间地头用"粘泥土""接地气"的方式为党员群众传授特色产业种养知识和技术，促进党员变身"土专家"，不断增强农村党员致富本领，真正把农村党员建设成为推动农民增收的"引路人"。三是坚持党管青年，培育时代新人。组织村内在校大学生成立素质优良的青年志愿服务队，利用寒暑假在

村期间，与村“两委”及驻村干部开展“乡村夜话”宣讲惠民政策。组织召开志愿服务队座谈会，青年们在会上畅谈对村发展建设的新思路和新愿景，老党员共同参会与青年们进行谈心谈话和点拨指导，引导年轻人加强自我修养，树立和践行社会主义核心价值观，把牢人生航向。

（五）基层党建引领文化振兴，讲好文化传承的乡村篇章

农村基层党组织是推动乡村文化振兴持续全面发展的根本保证。乡村振兴，要文化先行、党建引领、党员攻坚。对于党中央关于乡村文化振兴的战略部署，农村基层党组织是保证规划落实、政策推行的“最后一公里”。

铜官山村充分发挥传统文化资源优势，以传统文化为载体，积极探索“党建＋文化传承保护与振兴”新路径，汇聚党群力量，通过打造文化阵地、搭建文化资源平台持续在党建引领传统民俗文化上做文章，不断提振辖区群众文化自信，为乡村振兴注入新动力。一是夯实文化阵地，推动文化供给。村内有历史文化馆、城垣遗址、吴方言馆、溯源馆等物质文化载体，便于村民及游客们在游览中聆听旧日古城的声音，感受七峰村（铜官山村原名七峰村）历史文化的熏陶。七峰村在文化传承上彰显出成熟质地，成为感知、体悟江南文脉的一个重要支点，甚至是中华文脉留给当代的一个美丽剪影。同时，高标准打造党群服务中心，筑牢了基层党建阵地；二是丰富文化活动，焕发乡村活力。村内成立了“七峰村文化艺术团”，他们农忙务农，农闲演出。每逢元宵、重阳等节日，村民及游客们可观赏到扭秧歌、舞龙等精彩绝伦的表演来放松身心。村内还有非遗项目“七峰碧螺春”制作技艺、

非遗项目“上正梁”、非遗项目“荡湖船表演队”、竹艺编制匠人等不仅可以传承工匠手艺，还丰富了七峰村的特色家风文化；三是实施文明创建，奏响发展乐章。充分挖掘身边典型，持续做好各类道德模范、先进典型选树工作，评选“美丽庭院”“星级文明户”，在全村掀起学习模范、争当先进的热潮。扎实推进移风易俗，大力开展文明婚俗、破除陈规陋习等主题宣传活动，努力让文明理念深入人心。

（六）基层党建引领生态振兴，绘出乡村美丽新颜值

乡村振兴，要重生态。2018年，习近平总书记在参加十三届全国人大一次会议山东代表团审议时发表的重要讲话指出：“要推动乡村生态振兴，坚持绿色发展”。在党的二十大报告中，习近平总书记指出要“全面推进乡村振兴”，强调“建设宜居宜业和美乡村”。生态振兴是乡村振兴的保障，居民生态宜居环境的提升是生态福祉的重要体现。

铜官山村将生态振兴作为“助推器”，积极推进基层党建与生态振兴深度融合，奋力探索出一条抓党建促发展的生态振兴新路径。践行“绿水青山就是金山银山”的理念，实施铜官山生态修复工程，依托铜官山1700多年的历史文化，结合常熟市“千村美居”工作，打造精品美游路线，建设开放式铜官山乡村乐园，实现农文旅融合发展。铜官山历史文化资源丰富，这是铜官山村能够长久生存下去的内在赓续，村里计划深入挖掘城垣遗址、摩崖石刻、吴方言馆、乡村振兴馆等历史文化内涵，在南沙古城建设沉浸式文化体验基地，打造“理响铜官山”理论宣讲品牌，实现农文旅全面融合新场景。为此，村党委充分发挥党员干部的带头带动作用，在有履职能力的党员中开展全员设岗定责，大力推动党员带头、群众参与的党群联动生态建设评比机

制建设和落实，推动农村生态建设常态长效。

（七）基层党建引领组织振兴，打造具有召唤力的“基层堡垒”

习近平总书记2012年12月在河北省阜平县考察扶贫开发工作时强调：“农村要发展，农民要致富，关键靠支部。”坚强有力的基层组织，是推动乡村事业发展的关键力量。要找准新时代农村党组织的存在及其发挥作用的方法和形式，推动党的组织有效嵌入农村各类组织，党的工作有效覆盖农村各类群体，充分适应经济社会发展，全面提高党的建设科学化水平，更好地把党的组织优势转化为推动乡村振兴的强大力量，探索出乡村振兴的新路子。

铜官山村积极顺应乡村治理的发展趋势，扎实推进党建网格化管理，推动党建网格和综治网格“两网融合”全覆盖，确保基层党组织直接服务“三农”第一线，打造具有常熟特色的城市基层党建工作品牌。聚焦党建品牌，强化影响力提升。以打造和创建高质量的党建品牌为抓手，提升基层党组织凝聚力、影响力，形成心往一处想、劲往一处使的基层工作新风尚，促使党建工作特色更加鲜明、成效更加明显。聚焦队伍锻造，强化战斗力提升。选优配强支部班子，由专职网格员担任支部书记，有效盘活公共空间，成功打造党群协商亭、红色联盟活动平台等，更好地为小区居民服务。聚焦阵地建设，强化服务力提升。通过打造“红色先锋站”“6+X”民主议事平台、“有事好商量”协商议事室等党建阵地，不断提升居民的参与度与获得感。深挖已有平台潜力，充分利用“有事好商量”协商议事室，打造化解邻里矛盾的“议事厅”。

三、党建兴村的铜官山经验及启示

铜官山村通过学习运用“千万工程”经验，扎实推进抓党建促乡村振兴的各项工作，进一步夯实基层组织、建强干部队伍、推动产业发展、提升治理效能等措施，加快以高质量党建引领乡村振兴高水平发展步伐，跑出了乡村全面振兴的“加速度”，为基层党建全方位引领乡村振兴提供了有益的现实启示。

（一）发挥基层党组织整体带动作用，党员干部首先要强担当敢作为

“火车跑得快，全靠车头带。”村党组织书记是农村基层党组织的领导核心，是领导群众全面振兴乡村的中坚力量。基层“火车头”不强劲，农村党员作用发挥不好，乡村振兴动力就不足、方向要偏移，组织涣散、发展滞后。铜官山村始终抓牢基层带头人队伍，持续推进优秀基层党组织书记选树培育，加强正向激励，让优秀基层党组织书记岗位上留得住、工作上有奔头、发展上有空间。实践表明，只有选优配强、精准培育农村带头人，努力建设一支思想政治素质强、科学发展能力强的“双强型”农村党组织书记队伍，把党建引领富民强村的任务牢牢抓在手上、扛在肩上，充分引导广大党员发挥先锋模范作用，筑牢基层堡垒，才能形成乡村振兴的“总动员”，团结带领广大农民开创乡村振兴新局面。

铜官山村党委书记、村委会主任程刚，在常熟市党组织的安排下，

通过双向选择到七峰村（铜官山村原名七峰村）村委会工作。上任初始，在村民集中区试点建设项目中，他自带工具，每天早晚各一次，通过逐户检查，亲自爬上脚手架测量，一旦发现问题立即提出解决方案，在边学边管中小试牛刀，最后项目经建设管理部门验收合格，得到村干部和村民的认可。正是靠着勤奋务实、开拓创新的精神，程刚同老百姓想在一起、干在一起，带领村“两委”坚定走绿色发展之路，将铜官山村打造成“山青水绿、风景如画、产业兴旺、村强民富”的宜居宜业和美乡村。程刚的工作经历表明，基层党组织带头人，只有形成想干事、敢干事、能干事的工作作风，才能在村民中树立起威信，得到了村领导和上级组织的认可。党组织的基层带头人，只有通过自身不断努力，形成有担当又有魄力的干事创业精神，才能成为群众认可的村书记、村主任。

党员干部最重要的是担当能力。乡村振兴，任务繁杂，挑战多多。关键之时，村组织带头人要敢于担当，勇于担当，鼓干劲、强信心，这是程刚最深切的感受。常熟市农村很早就发展了乡镇企业，工商业发达，人均耕地少。当地河网密集，土地分散，农民种植粮食的意愿不高。为了保护农田基础设施、稳定粮食生产、助农增收，铜官山村决定发起成立农产品专业合作社。但是，摆在村支部面前的两大问题，直接考验带头人的能力。第一个问题是合作社出资得不到村民的支持。在海虞镇政府决定为合作社提供基础保障，对常熟虞盛合作社出资 80% 的基础上，铜官山村党员干部带头出资，由此起到了示范引领作用，各村农民积极参股，农户只需交 100 元的入社费就可以每年享受合作社的分红和服务。此后，村民们看到了合作社的成长性，纷纷参与其中，壮大了合作社的实力，也提升了村民们的凝聚力。第二个问题是合作社的经营。镇政府和村委领导班子通过几轮商讨，工作人员通过“三顾茅庐”请来了经营茶厂几十年，有为邻里乡亲做实事情怀的窦祥龙，作为外部聘请的职业经理人来掌舵。合作社的经营模式——“政府投资、农民入社、职业经理人运营”，也开始正式落地运转。如今的合作社，已是一个现代、高效，融合覆盖“种、苗、粮”“产、加、销”全链型的农业产业化经营实体。合作社先后获得“国家级农民合作社示范社”“全国农民专业合作社加工示范单位”“省农产品质量安全追溯管理示范单位”“常熟市十佳新型农业经营主体”“常熟市优秀农村合作经济组织”“常熟市农业产业化龙头企业”“常熟市食品安全诚信示范单位”等殊荣。合作社的成立、发展壮大和村民们参与的历程，充分体现出党组织的决策能力和发挥战斗堡垒作用的重要性。

（二）党建工作要抓关键，把壮大发展村级经济作为中心任务

围绕党的政治路线和中心任务开展党组织建设是中国共产党长期执政的宝贵经验。推进农村基层党建工作，必须充分考虑到农民群众的现实需求。农民群众需要得到的帮助很多，但是最重要、最迫切的依然是如何帮助他们发展生产经营、增收致富。发挥好党支部和党员的作用，为促进农业增效、农民增收服务，是新时期农村党建工作的出发点和落脚点。

落实乡村振兴的目标任务，要充分发挥基层党组织的战斗堡垒作用和先锋模范作用，抓基层、打基础，抓创新、增活力，抓载体、创品牌，切实保障和推动中心任务的完成，把党建工作落到实处，以工促农的方式，有效地整合起农村现有资源，通过农民合作社、家庭农

场的形式，把分散的农户组织起来，将零碎的资源整合起来，提高了农民进入市场的组织化程度，实现了“小产业”与“大市场”的对接，让农民得到了切实的实惠。近年来，铜官山村积极谋划参与苏州和常熟的农业农村重大项目建设，切实发挥重大项目在乡村振兴中的主抓手、强引擎作用。推动乡村旅游发展。铜官山乡村乐园建设项目，由村公司与社会资本共同成立的苏州铜官山亲子乐园有限公司投资建设，项目占地面积约 17186 平方米，总建筑面积约 1000 平方米，乐园以果蔬产业为设计原型，引入游乐设备，建造配套游乐区域，打造一个以创意、生态、趣味、科普这四大亮点为核心的亲子空间、自然探索乐园。该项目于 2024 年初开工建设，4 月底全面完工，5 月初正式开园，五一小长假期间，乐园共接待游客约 1.65 万人，营业收入超 85 万元，在盘活村级资源的同时，进一步推动产业融合发展，通过以企带村、以村促企，迈向互利共赢。与此同步，村里以铜官山乡村乐园项目为轴心，推动村企之间多领域，全方位合作，实现两类主体优势和资源的深度融合。建设杂交水稻科普馆、虞乡人家时代体验馆、观山云隐民宿群、虞乡集市等多个“研学游”项目，同时连结铁黄沙生态岛、平巷里花海和螺蛳湾等点位，大力盘活乡村闲置资源，突出共享经济平台搭建及富民产业导入，“集绿色循环农业、创意农业、农耕体验、休闲度假、文化传播、旅游观光、产品展销等多种功能于一体”①，积极探索资源创收型、产业发展型、乡村旅游型等增收模式。

---

① 《苏州日报》:《苏州率先打造乡村产业综合体》，载苏州市人民政府官网，2019 年 12 月 27 日，https://www.suzhou.gov.cn/szsrmzf/szyw/201912/1e5fe25091f6425ebe0b2425b8c9ea60.shtml。

（三）党建引领必须打好“文化”牌，激发乡村全面振兴活力

把握乡村文化振兴战略机遇期，以高质量党建为引领，要依托新时代文明实践站及形式多样的志愿服务活动，多措并举推动农村公共文化服务高质量发展，培育乡村文明新风尚，促进乡村文化振兴不断取得新成效。强化党建引领，为乡村振兴注入文化动能。文化振兴，党建先行。坚持“一把手”负责制，构建基层党组织书记亲自抓、带头干的工作格局。要健全文化设施，加快文化阵地提升建设。通过扎实开展多元文化活动，引领乡村文明风尚。

铜官山村坚持党建引领，以文铸魂、以文兴业、以文化人。近年来通过挖掘铜官山历史文化、长江文化以及周边殿山历史文化、老郑桥集镇抗战红色故事等文化资源，为乡村振兴提供“根脉”支撑。新建铜官山长江文化主题展览馆，全面展示长江文化的丰富内涵和历史价值。挖掘福山村特有的殿山历史文化资源（福江禅寺、聚福塔、苏州非物质文化遗产东岳庙会等），打造福江禅寺至聚福塔祈福路线，恢复福山“三月廿八”庙会，进一步赋予千年庙会新的内涵、新的生机，开展融宗教、民俗、娱乐等为一体的综合性社会活动，实现传统文化与现代生活的“嫁接”，为千年民俗文化的传承增添亮丽色彩。挖掘老郑桥集镇抗战红色故事，修复遗留古迹和建筑，建立红色教育基地，让更多的人了解和铭记历史，传承红色基因，赓续红色血脉。通过挖掘、继承本村及周边优秀传统文化，将其与现代的经济、文化相结合，让文化资源转化成文化产品，并发展成优势文化产业。通过挖掘和继承优秀传统文化，铜官山村成功打造了一批具有地方特色的

文化品牌，为当地经济发展注入了新的活力，提高村民的文化自信。

（四）以党建引领乡村治理，必须在“精耕细治”上提升效能

以党建引领乡村治理为契机，持续推进基层治理体系和治理能力现代化建设，要发挥先锋引领作用，凝聚多方资源优势、着力激发群众参与基层治理积极性，用心用情为民纾困解难，切实将党的组织优势有效转化为基层治理效能，不断增强群众获得感、幸福感、安全感。具体说来，要在三个方面发力。一是聚资源，互促共进。着力推动优质资源导入基层治理的“毛细血管”，划细农村网格，做到网格力量联系服务群众全覆盖。二是齐自治，带头示范。基层党组织要注重发挥党员先锋引领作用，统筹多方力量，加强村民自治，通过发现一群化解矛盾的“老娘舅”、成立一批纾困解难的“帮帮团”，切实解决好群众身边事、自家事。持续吸纳“土专家”“田秀才”，因地制宜建立微网格服务，助力提升基层治理效能。三是解民忧，共商共办。持续完善共商共办议事协商机制，围绕乡村治理中需要职能部门共同研究解决的矛盾问题和民生实事项目，发挥平台联动作用，共商共办、共解难题。要建立微网格常态化议事机制，通过村里事情大家评大家议，认真听取村民关于基层治理、乡村发展等方面意见建议，切实解决好群众身边事、要紧事。

铜官山村通过强化基层党建，打牢服务群众根基，奋力谱写乡村党建引领基层治理的新篇章。村党委在具体工作实践中，深切体会到基层治理落实落细的重要性。如果老百姓对基层的治理服务质效不满意，就说明没有找准社会治理的症结所在。铜官山村委会在处理辖区

居民矛盾纠纷中，充分发挥党组织作用，切实化解矛盾，而不是简单地充当“和事佬”。村民陆利刚因翻建房屋，私自拆除邻居陆福祥家西侧围墙，并砍掉陆福祥家两棵树，两家因纠纷闹得不可开交。村委会得知消息后，第一时间将两家人邀请到村委会的矛盾调解室，通过摆事实、讲道理化解积怨。最终处理结果为陆利刚在原基础上恢复被拆除的陆福祥家的围墙，赔偿砍掉的蜡梅树和枇杷树，陆利刚新建房屋的东墙裸墙与陆福祥家围墙脚距离至少保持 50 厘米，50 厘米地面作为陆利刚家滴水地面，50 厘米以外面积归陆福祥家管理，南北围墙隔断，至此矛盾得以化解，邻里关系逐渐缓和。虽然这只是一件极其细小的事，但是在村民心目中树立起公正有为的形象。可见，乡村基层治理的重点，一定要落在农民群众最关心、最直接、最现实的利益问题上，公正透明才能赢得民心。

图5–2　村党委书记程刚与村民拉家常

（五）党建凝聚各方力量，共创乡村振兴新辉煌

推进乡村振兴战略，党建发挥着统摄领航作用，绝不能空谈虚妄，要在破难题、创载体、见实效上下真功，推动解决群众急难愁盼问题。要坚持以产业兴旺为重点，发展特色农业乡村旅游等产业，拓宽村民增收渠道；以生态宜居为关键，加强乡村环境治理，打造美丽宜居乡村；以乡风文明为保障，弘扬优秀传统文化，培育文明乡风、良好家风、淳朴民风；以治理有效为基础，完善乡村治理体系，提高乡村治理水平。

铜官山村的党建实践表明，唯有凝聚起乡村建设的各方力量，才能不断创造乡村振兴新辉煌。乡村的发展不是孤立的个体行为，而是全体村民共同的事业，只有村民们心往一处想、劲往一处使，才能汇聚起强大的力量，推动乡村各项事业不断前进。形成乡村振兴的共识与凝聚力，可以让村民们强化集体利益的观念，共同为乡村的基础设施建设、生态环境保护、产业发展等贡献才智，齐心协力整治乡村环境，共同谋划产业发展，让乡村经济焕发出勃勃生机。铜官山村的实践成效与取得的经验，进一步验证了基层党组织在乡村中具有的强大号召力和组织力。基层党组织尤其是主要带头人，必须加强自身建设，提升素质和能力，才能更好地服务村民，引领乡村发展。基层党组织还可以通过社会动员活动，如党员志愿服务、村民议事会等，增强村民之间的沟通与交流，促进团结协作，进一步强化凝聚力，把广大村民紧密团结在党组织的周围，共同为实现乡村振兴的宏伟目标而奋斗。

第六章

乡村生态文明建设的“铜官山效应”

党的十八大以来，我国全面加强生态文明建设，取得了举世瞩目的成就。乡村生态文明建设是我国生态文明建设的重要组成部分，体现了中国式现代化的本质要求，是全面推进乡村振兴的重要内容。在众多乡村生态文明建设实践中，铜官山村以习近平生态文明思想为指引，实现从“挖青山”向“养青山”的观念转变，不断加强生态修复与保护，以绿色变革拓展生态产品价值转化通道，让过去的冷清荒山成为绿意盎然的打卡地，完成了从寂寂无闻到“中国美丽休闲乡村”“国家森林乡村”“江苏省特色田园乡村”等的逆袭蝶变之路，成就了令人瞩目的乡村生态振兴“铜官山奇迹”，进一步验证了“绿水青山”与“金山银山”内在一致的辩证关系。

一、深刻理解乡村生态文明建设的重要性

2020 年，习近平总书记在中央农村工作会议上强调：“要加强农村生态文明建设，保持战略定力，以钉钉子精神推进农业面源污染防治，加强土壤污染、地下水超采、水土流失等治理和修复。”[①] 乡村生态文

① 《坚持把解决好“三农”问题作为全党工作重中之重 促进农业高质高效乡村宜居宜业农民富裕富足》，载《人民日报》2020 年 12 月 30 日，第 1 版。

明建设承载着维护生态环境稳定、推动乡村经济绿色转型、传承乡土文化等多重使命。加强乡村生态文明建设，不仅关乎乡村地区生态环境保护与经济社会发展，更是实现国家可持续发展、促进人与自然和谐共生的关键一环。

（一）我国生态文明建设的重要组成

随着经济社会的不断发展与城乡融合的不断推进，生态文明建设已成为新时代推动高质量可持续发展的必然选择。党的十八大以来，习近平生态文明思想深入人心。2023 年 7 月，习近平总书记在全国生态环境保护大会上强调：“必须以更高站位、更宽视野、更大力度来谋划和推进新征程生态环境保护工作，谱写新时代生态文明建设新篇章。”[①] 作为生态文明建设的重要组成部分，乡村生态文明建设不仅能够保障绿水青山的保护和修复，更关乎民生福祉，具有独特的实践价值和深远意义。

乡村生态文明建设是习近平生态文明思想的生动体现。“绿水青山就是金山银山”理念是习近平生态文明思想的重要组成部分，也是我国生态文明建设的核心理念，强调生态环境保护与经济发展和谐共生。“两山”理念指出，良好的生态环境是经济社会持续健康发展的基础。乡村生态文明建设坚持生态优先的原则，将生态保护作为基础性工程，通过优化农业产业结构、推广绿色农业生产方式、加强农村环境治理等措施，保护好乡村的生态环境，推动形成人与自然和谐共生的现代化新格局。同时，乡村生态文明建设追求绿色发展，也是“两山”理念的核心所在。绿色发展注重经济效益与生态效益的统一，要求在经

① 《全面推进美丽中国建设 加快推进人与自然和谐共生的现代化》，载《人民日报》2023 年 7 月 19 日，第 1 版。

济发展过程中减少对生态环境的破坏和损害。在乡村生态文明建设中，积极发展绿色产业，既能促进农民增收致富，同时也带动了乡村生态和经济的可持续发展。

乡村生态文明建设是习近平生态文明思想的具体实践。深入推进乡村生态文明建设，涉及乡村地区的生态环境保护、资源合理利用等多方面，能够直接改善乡村环境质量。在乡村推广绿色发展方式，通过治理水土流失、加强农业面源污染防治、推广节水灌溉和有机农业等措施，减少农业生产活动中的环境污染和资源浪费，确保乡村地区生态环境的持续改善。乡村生态文明建设注重对农民群众生活品质的提升，通过加强农村基础设施建设、垃圾分类处理、污水治理和村容村貌整治等，改善农村人居环境，为农民群众提供更多优质生态产品和服务，满足人民群众对美好生活的向往。

（二）中国式现代化的重要特征与本质要求

习近平总书记在党的二十大报告中指出："中国式现代化是人与自然和谐共生的现代化""必须牢固树立和践行绿水青山就是金山银山的理念，站在人与自然和谐共生的高度谋划发展"。中国式现代化不仅追求经济增长和科技进步，更注重社会公正、文化繁荣和对生态环境的保护，旨在实现经济、政治、文化、社会和生态文明的全面发展。乡村生态文明建设在发展中保护乡村的自然环境，促进人与自然和谐共生，体现了中国式现代化的重要特征与本质要求。

乡村生态文明建设体现了中国式现代化的核心意蕴。乡村生态文明建设坚持绿色发展道路，与中国式现代化追求的人与自然和谐共生相呼应。中国式现代化强调尊重自然规律，要充分认识到人类活动对自然生态环境的影响，倡导在发展中保护，在保护中发展。乡村生态文明建设正是这一理念的具体实践，倡导尊重自然，顺应自然，保护自然，通过合理利用自然生态资源，减少对环境的破坏。乡村生态文明建设要求乡村治理体系和治理能力现代化，是中国式现代化的重要表现。在乡村生态文明建设中，通过完善农村基础设施和公共服务设施、优化农业生产方式、改善村民居住条件、提升农村社会管理水平等措施，提高乡村社会的文明程度和管理效率，强化村民的生活水平和社会保障水平，增强村民生活幸福感和满足感。

乡村生态文明建设体现了乡村的使命与未来发展战略。乡村不仅是粮食生产和农业发展的重要基地，更是承载传统文化和乡土情感的重要载体。保护好乡村的生态环境和文化传统，对于维护国家粮食安全、促进农村经济发展、传承和弘扬中华优秀传统文化都具有重要意义。乡村生态文明建设通过发展绿色农业、生态农业等方式引领乡村产业结构优化升级，注重保护乡村的历史文化、传统建筑等文化遗产，传承乡村文化的优秀传统，是实现乡村使命的重要途径。从乡村的未来发展来看，乡村生态文明建设将继续发挥重要作用。随着国家对生态文明建设的重视程度不断提高，乡村地区的生态环境保护将得到更多支持和保障。随着科技的进步和社会的发展，乡村地区具备更好的条件和技术手段来推动乡村生态文明建设，通过利用现代科技，如智慧农业、精准灌溉等，提高农业生产效率，减少资源浪费，推动乡村经济的可持续发展。

（三）全面推进乡村振兴的重要内容

2022 年 12 月，习近平总书记在中央农村工作会议上强调：“要全面推进产业、人才、文化、生态、组织‘五个振兴’，统筹部署、协同推进，抓住重点、补齐短板。”生态振兴是乡村振兴的重要支撑，良好的生态环境为乡村振兴提供了发展基础。而乡村生态文明建设不仅关乎乡村的生态环境改善，更是推动乡村经济持续发展、提升农民生活质量、实现乡村全面振兴的关键所在。

乡村生态文明建设有利于推动和美乡村建设。推动和美乡村建设，是对乡村建设内涵和目标的进一步丰富和拓展。2018 年，中共中央、国务院印发了《乡村振兴战略规划（2018 —2022 年）》，明确提出建设“生态宜居的美丽乡村”。2022 年 10 月，党的二十大报告首次提出“建设宜居宜业和美乡村”的目标。2023 年，中央一号文件围绕和美乡村建设提出具体要求。2024 年，中央一号文件明确提出要加强农村生态文明建设。从美丽乡村建设到和美乡村建设，不仅仅是物质文明的提升，更是生态环境与人文环境的和谐统一。乡村生态文明建设注重提升乡村生态环境质量、促进乡村产业绿色发展、加强乡村文化传承与创新、增强乡村社会治理能力等多个方面，对建设出产业兴旺、生态宜居、乡风文明、治理有效、生活富裕的和美乡村具有重要意义。

乡村生态文明建设有利于促进乡村地区可持续发展。我国的很多地方，在早期的乡村建设过程中，往往以经济效益为首要目标，忽视了生态效益，甚至以牺牲生态环境为发展代价，对生态资源造成了损害，加重了经济发展与环境保护之间的矛盾，不利于乡村地区可持续发展。随着社会的进步与人们认知的提升，越来越多的人意识到生态环境保护对经济发展的深刻意义，“人与自然是生命共同体”“绿水青山就是金山银山”的习近平生态文明思想逐渐深入人心。乡村生态文明建设融合了乡村振兴和生态文明建设的具体要求，不断推动生态保护和环境治理，促进乡村绿色生产，改善乡村公共服务设施，筑牢广大村民的生态环保意识，以实现经济、社会和生态的协调发展，是助推乡村地区可持续发展的重要手段。

二、铜官山村生态文明建设的实践探索

持续深入推进乡村生态文明建设是实现乡村振兴的重要抓手。习近平总书记高度重视乡村生态文明建设，多次作出重要指示、提出明确要求。全国各地推进乡村生态文明建设的成功案例相继涌现。铜官山村贯彻落实乡村生态文明建设要求，结合本村发展实际，通过实施生态修复、发展绿色产业、深化文旅融合等一系列举措，完成了从生态环境破坏到生态价值实现的转变，实现“后发”超越，成为乡村生态文明建设的典范。

图6-1　生态修复后的绿色铜官山

（一）把握乡村生态文明建设的总体要求

乡村生态文明建设是一项系统性、长期性的任务，不仅关系到乡村的可持续发展，也是实现中国式现代化的重要基础。习近平总书记在第八次全国生态环境保护大会上强调："生态文明建设是关系中华民族永续发展的根本大计。"推进乡村生态文明建设，必须以更高的站位、更宽的视野来认识与实践，促进乡村经济、社会、生态的协调可持续发展，构建人与自然和谐共生的美好家园。

乡村生态文明建设要坚持生态优先。生态优先是生态文明建设的内在逻辑。习近平总书记多次指出："绿水青山就是金山银山""要像保护眼睛一样保护生态环境""生态兴则文明兴，生态衰则文明衰""山水林田湖草是生命共同体"①。乡村地区是自然生态系统的重要组成部分，拥有丰富的生物多样性和自然景观。在乡村生态文明建设中，要切实保护好乡村的自然生态环境，维护生物之间的平衡状态。加强乡村生态文明建设，要注重生态系统的保护和修复。习近平总书记指出："要健全草原森林河流湖泊休养生息制度，巩固退牧还草、退耕还林成果，开展大规模国土绿化行动，加强生物多样性保护。"②要加强对林地、草地、湿地等生态系统的保护，维护生态系统的稳定性和多样性，对于已经遭到破坏的生态环境积极开展生态恢复和治理工作。

乡村生态文明建设要坚持绿色发展。绿色发展是生态文明建设的

---

① 李贞：《习近平谈生态文明 10 大金句》，载人民网 2018 年 5 月 23 日，http://jhsjk.people.cn/article/30007903。

② 习近平：《坚持把解决好"三农"问题作为全党工作重中之重 举全党全社会之力推动乡村振兴》，载《求是》2022 年第 7 期。

必然要求。2023 年 7 月，习近平总书记在全国生态环境保护大会上强调，要“加快推动发展方式绿色低碳转型。坚持把绿色低碳发展作为解决生态环境问题的治本之策，加快形成绿色生产方式和生活方式，厚植高质量发展的绿色底色。”坚持绿色发展，意味着在经济发展中充分考虑环境的承载能力，避免过度开发和造成环境污染，从而确保乡村生态环境和经济运行的健康与稳定。推动产业绿色转型和发展绿色产业，不仅可以提高乡村经济的附加值和竞争力，还能减少对环境的损害，实现经济与生态的共赢。在乡村的经济发展中，要优先选择绿色、环保、可持续的生产方式，通过推广绿色种植、养殖技术，减少化肥、农药的使用，减少对生态环境的破坏和污染。

乡村生态文明建设要坚持以人为本。以人为本是生态文明建设的核心追求。习近平同志在主持浙江工作期间指出：要“让人民群众喝上干净的水、呼吸上清洁的空气、吃上放心的食物”“以人为本，其中很重要的一条，就是不能在发展过程中摧残人自身生存的环境”①。随着经济的发展与生活水平的提高，人民群众对生态环境的需求日益增长。要改善乡村人居环境，重点解决损害人民群众健康的突出环境问题，提升农民生活质量，创造更加宜居宜业的生活环境，满足人民群众对美好生态环境的向往。要注重保障和改善民生，加强乡村地区基础设施建设，包括道路、供水、供电、通信等基础设施的建设和改善，为乡村生态文明建设提供有力的物质保障。要注重提高公共服务水平，加强教育、文化、卫生等公共服务体系的建设，满足农村居民日益增长的精神文化需求，提高他们的生活质量和健康水平。

---

① 习近平：《干在实处 走在前列——推进浙江新发展的思考与实践》，中共中央党校出版社 2006 年版，第 190 页。

（二）落实乡村生态文明建设的重要部署

江苏在乡村生态文明建设中，结合“环境美”整体要求，致力于实现乡村生态环境的持续改善提升，推动生态宜居美丽乡村的建设，打造出具有江苏特色的乡村生态文明新模式。

制定相关政策规划。省级层面发布《关于“十四五”开展农村人居环境整治提升行动扎实推进生态宜居美丽乡村建设的实施方案》，明确了乡村生态文明建设的目标、任务和措施，提出到2025年末，全省农村人居环境持续改善提升，“三美一高”（生态美、环境美、人文美、管护水平高）的生态宜居美丽乡村建设取得显著成效。印发《关于全面推进美丽江苏建设的实施意见》，提出了美丽江苏建设的分阶段目标，包括“十四五”深入攻坚、“十五五”巩固提升和“十六五”整体提升，明确了加快发展方式绿色低碳转型、推动生态环境实现根本好转、推进美丽乡村建设等具体任务。发布的《关于加强农业农村污染治理促进乡村生态振兴行动计划》《江苏省2023—2030年国土绿化规划纲要暨2023—2025年三年行动计划》等，为乡村生态文明建设提供政策指导。

落实具体行动措施。推行农村厕所革命，在行政村公共厕所全覆盖的基础上，加大人口较多、群众有需求的自然村公共厕所建设力度，提高农村厕所的卫生条件和使用便捷性。推进农村生活污水治理，加强污水治理与厕所革命、黑臭水体治理、国省考断面水质改善等有效衔接，优先治理影响水环境质量的村庄生活污水。加强农村生活垃圾治理，持续推进农村生活垃圾的分类和资源化利用，提高废旧农膜和农药包装废弃物的回收覆盖率及无害化处理率。开展农村环境整治项目，以农村生活污水治理、黑臭水体整治和畜禽污染防治为重点，结合特色田园乡村、宜居宜业和美乡村建设等工作，实施农村环境整治项目。到 2024 年，已实施 450 个行政村农村环境整治项目。提升乡村绿化美化与风貌保护水平，提升村庄公共环境质量，全面开展美丽农村路建设，推进乡村绿化美化，持续改善农民住房条件，提升乡村风貌保护水平。

建立长效运行机制。建立农村人居环境长效管护机制，确保乡村生态文明建设的持续性和有效性。强化基层组织在乡村生态文明建设中的作用和责任，引导农民积极参与农村环境整治和生态保护工作。持续推进科技创新与绿色发展，组织实施一批省科技重大专项项目，强化关键核心技术攻关和成果转化。推广绿色农业技术，减少化肥农药使用量，提高农业生产效率和环保水平。鼓励发展循环农业，通过农作物秸秆、畜禽粪便等农业废弃物的资源化利用，推动农业可持续发展。通过创建生态示范村等活动，树立乡村生态文明建设的典型。

苏州市在乡村生态文明建设中，积极响应国家和江苏省号召，采取了一系列措施推进建设进程。在制度方面，印发了《苏州市“十四五”生态环境保护规划》等相关文件，对乡村生态文明建设提出了明确要求与任务。在具体行动方面，积极推进农村环境整治，实施村庄清洁行动，整治农村河道，提升村容村貌；推进农村厕所革命，改善农村卫生条件；加强农村生活垃圾治理，推动生活垃圾分类和资源化利用；强化农村生活污水治理，提高污水处理率和收集率。不断加强生态保护与修复，保护重要生态空间，如湿地、水源地等，维护生物多样性；推进生态修复工程，如退化林地修复、湿地恢复等；加强农业面源污染治理，减少化肥农药使用量，推广生态农业。持续推动绿色低碳发展，发展绿色农业，推广有机农业和循环农业模式；加强农村能源建设，推广太阳能、生物质能等可再生能源；推进农村建筑节能减排，提高农村住房保温隔热性能。实施专项行动与项目，推进美丽宜居村庄建设，提升农村人居环境质量；推动绿色金融政策落实，支持乡村生态文明建设相关项目。

扛起“走在前、做示范”的重要使命，苏州在新时代乡村生态文明建设中取得显著成效，涌现出一批典型案例。张家港实施“张家港湾”生态修复项目，通过“十百万千”工程和百年江堤提升、水产养殖清理、生产岸线腾退、生态环境修复、交通道路优化五大工程，实现了从“工业锈带”到“生态秀带”的转变。吴江区东太湖度假区松陵街道高度重视生态文明建设，深化河长制工作，开展巡河、污水处理提质增效、黑臭河道整治等工作，断面水质实现 100% 达标。同时，全面推进“阅江南、悦松陵”人文街区建设，推动村社融合的乡村振兴。吴江区震泽镇齐心村积极发展现代农业、特色种植（养殖）业、手工业和乡村旅游等产业，实现生态与经济的双赢。吴中区成功创建国家“两山”实践创新基地，为其他地区提供了宝贵经验。同里国家湿地公园注重湿地生态修复和生物多样性维护，成为生态旅游和科普教育的重要基地。这些案例展示了苏州市在乡村生态文明建设方面的多样化和创新性实践，为其他地区提供了参考和借鉴。

常熟市积极响应国家、江苏省和苏州市号召，结合本地实际，不断深化推进乡村生态文明建设，在美丽乡村建设上取得突出成效。在农村人居环境整治与提升方面，明确农村人居环境整治的目标，细化工作任务，推动“五治融合”机制不断优化深化，确保各项任务落到实处、见到实效。聚焦“一部、四沿、五旁”等重点区域，持续开展垃圾清理专项行动，巩固整治成果。突出农民在乡村生态文明建设中的主体地位，总结推广好经验好做法，有效整合利用好闲散地块，打造美丽庭院、美丽果园、美丽游园、美丽菜园等“美丽四小园”。推行“村庄清洁日”活动，推动村庄环境从干净整洁有序向宜居宜业和美跃升。在生态环境保护与修复方面，全力打好污染防治攻坚战，推动空气质量持续改善，保障水环境质量和土壤安全。实施河湖水质提升、长江保护修复等攻坚行动方案，保障饮用水源地安全。加强农用地、建设用地等土壤污染风险防控工作，推动重点监管单位落实土壤污染防治义务。加强生态保护与生物多样性保护，以重点生态功能区、生态保护红线等为重点，大力推进生态安全缓冲区建设，提升生态保护水平。结合生物多样性本底调查成果，制定实施生物多样性保护规划和实施意见，推动建立生物多样性监测站点。在绿色低碳发展方面，持续推动产业绿色转型，深化“散乱污”专项整治，加大落后低端产能淘汰力度，推动产业绿色转型。推动重点行业清洁生产改造，提高资源利用效率，减少污染物排放。推进碳达峰行动，编制实施碳达峰行动方案，加快建立碳强度和碳排放总量“双控”制度，推动重点领域和行业碳达峰。推广绿色低碳技术和产品应用，促进经济社会发展全面绿色转型。

在推进乡村生态文明建设过程中，常熟市涌现了一批表现突出的典型村庄，发挥了示范引领作用。作为生态文明村建设的典范，蒋巷村坚持“农业起家、工业发家、旅游旺家”的创新发展思路，编制“生态村建设规划”，建设生态园；设立生态林带，增加绿化面积；建立大气监测站，开展全方位、全覆盖的实时监测，确保空气质量优良；发展清洁能源，推广“光伏 + 农业”模式，实现高效节能减排，该村先后被表彰为全国文明村、国家级生态村、全国新农村建设科技示范村、全国农业旅游示范点等。浒西村以特色康居村和特色田园乡村创建为抓手，全力推动乡村生态文明建设。通过人居环境整治提升行动、完善基础设施、开展环境卫生整治、发展特色产业、注重乡风文明建设等措施打造生态宜居的美丽乡村。这些案例展现了常熟市乡村生态文明建设成效，为其他地区提供了可借鉴的经验。

（三）铜官山村生态文明建设的演进历程

开采石材破坏生态：不堪回首的“靠山吃山”。二十世纪七八十年代，由于交通闭塞、经济落后，铜官山村只能依靠开山采石谋求发展。在经济利益的驱使下，村民靠山吃山，开采石材提供给附近建设工矿、码头、长江堤岸等，铜官山村的山体遭受了长期且无序的开采。这种无序的开采方式导致山体遭受了严重破坏，四座山头成了矿坑，山体变得千疮百孔，一些山坡甚至被炸成垂直的峭壁，如今仅剩下三座山，分别是西山、殿山以及铜官山。

长期的开采使得村内的自然资源迅速枯竭，加剧了生态环境的恶化。一方面，大规模的开采活动导致山体植被被严重破坏，原本郁郁葱葱的山林变得光秃秃的，裸露的山体失去了植被的保护，同时丧失了部分生态功能，如水土保持、气候调节等，植被覆盖率的大幅下降是生态损害的直接体现；另一方面，由于植被破坏和开采活动的影响，铜官山村的水土流失问题、空气污染问题等日益严重。在山体开采过程中，产生了大量的粉尘和废气，导致空气中弥漫着大量的颗粒物和有害气体，对空气质量造成了严重影响，对村民的呼吸健康构成了严重威胁。由于缺少植被保护，当下大雨时雨水和山土混合的黄色泥浆四处漫溢，这不仅导致土地肥力下降，还严重影响了周边环境的质量。此外，石材开采过程中产生的废水、废渣等未经处理直接排放到水体中，导致了水体污染，破坏了水生生态系统的平衡。

尽管早期的开采活动在一定程度上带动了当地的经济增长，但这种增长是短暂且不可持续的。随着资源的枯竭和生态环境的恶化，村里经济发展陷入停滞、倒退。恶劣的生态环境使得大量村民选择离开铜官山村前往城市或其他地方谋生，进一步加剧了乡村的空心化问题，人口流失严重。村民的生计由此受到严重影响，生活在这里也是苦不堪言。

生态修复与保护起步：重塑绿色发展新空间。面对如此严重的生态损害，铜官山村痛定思痛，采取了一系列措施进行生态修复与保护。2007 年，铜官山村关停了采石厂、砖瓦厂，开始注重生态发展。后来又利用开塘多出来的 100 万方土方对塔山采石宕进行了有效填埋，恢复农业用地 53.7 亩。2012 年，党的十八大首次提出要大力推进生态文明建设，美丽中国方略被写入报告，铜官山村由此开启了向生态求效益的转折之路。

在山体修复方面，自 2016 年起，铜官山生态保护修复工程全面启动，纳入长江沿岸环境整治重点项目。工程以绿化美化乡村山体为中心，开展环境整治和生态保护。2017 年，在镇党委的协调下，铜官山村利用新材料产业园拆迁区域的渣土，对铜官山进行了山体修复。2018 年，村里成立苏州同官山绿色生态农业有限公司，全面恢复铜官山的生态绿化。山体修复工程以减少岩石裸露面，客土覆绿，增加场地植被覆盖率为原则，对断壁部分因地制宜进行处理。村里利用海虞镇万顷良田区域内拆迁户的清表土堆积成新的山体地形，上层覆盖种植土，结合部分挡土墙，恢复山体原始形态。通过栽植几十种绿化植物，防止水土流失，使破损山体能够较快较好地得到治理。以山体资源优势为依托，以打造集农业示范、工艺体验、乡村休闲和历史文化于一体的乡村振兴先锋示范区为目标，对山体进行道路、消防管道的规划，并配备景观路灯、景观亭、古城墙等供游客游玩休憩之所。

在水体保护方面，铜官山村积极进行水系改造，秉持对自然水环境的保护，立足于现有水系布局，采取一系列整合与优化措施。在现有水系基础上进行整合调整，根据水系走势，串联水塘形成贯通南北的活水，并在有落差的地方做好拦水坝。充分利用铜官山丰富的雨水资源，结合场地西侧芦浦塘的自然优势，实现水源的有效补给与循环，确保水系的生机与活力。在推进水系改造的同时，铜官山村不忘深化水质保护工作，对河道、沟塘全面清理，有效去除水体中的污染物与漂浮物，水体得到清洁，水面无漂浮物，做好生态河岸护坡等相关工作，累计清理淤泥 18000 立方米，建成河道重力驳岸 2400 米、生态驳岸 1200 米，生态河道覆盖率达 80%。

推进生态产品形成与价值实现：建设美丽江南新乡村。生态为基，绿色发展带来了丰厚的回报。经过多年的持续努力，铜官山逐渐恢复了生机。曾经光秃的山坡上覆盖了浓密的树冠和整齐的茶树，格桑花、硫华菊等各色花卉装点着美丽乡村，村民们的生产生活方式也因此发生了翻天覆地的变化。如今，铜官山村不仅成为网红打卡地，还获得了“国家森林乡村”“中国美丽休闲乡村”“江苏省文明村”“江苏省特色田园乡村”等多个荣誉称号，成为乡村振兴的典范。

生态产品是指由自然生态系统提供的产品和服务，通常可分为物质供给类、调节服务类和文化服务类。在物质供给类生态产品方面，铜官山村积极开展特色农产品种植，通过引入瓜蒌、碧根果等特色农产品种植，盘活了闲置的林地资源。鉴于当地拥有适宜茶树生长的土壤和气候条件，铜官山村通过组建海虞茶叶公司和茶叶专业合作社，提高了茶叶产量和品质，发展了“沙家浜”牌绿茶系列品牌，成为当地的特色产业。在调节类生态产品方面，铜官山村注重水资源的保护和利用，通过建造水库和蓄水池，有效进行水源涵养，确保农业用水和村民生活用水。通过植树造林和土壤加固措施，减少了雨水冲刷导致的水土流失，提高了水源的利用效率。通过生态修复和植被恢复，显著改善了土壤质量，不断强化土壤保持能力。积极推广有机种植，减少化肥农药的使用，提高土壤肥力和农产品的品质。在文化服务类生态产品方面，铜官山村通过发展生态农业，结合乡村旅游，打造了特色田园乡村建设典范，向农业观光、生态旅游、休闲度假为一体的生态旅游度假区迈进。自 2021 年起，铜官山村已连续三年举办了“中国新农民”故事会，来自全国各地的新农人在这里分享乡村振兴的经验，提升了铜官山村的影响力。

常熟市作为国家生态文明建设示范区，率先启动了生态系统生产总值（GEP）核算工作。常熟生态环境局通过对铜官山村的农林牧渔产品、水源涵养、土壤保持、洪水调蓄、固碳释氧、气候调节、物种保育等 7 种主要生态系统功能进行核算得出，2020 年铜官山村的 GEP 已达到约 1.93 亿元。这一核算结果为铜官山村的生态产品价值提供了量化依据。此外，铜官山生态环境损害赔偿公益修复基地的建立也为生态修复工作提供了新的契机。该基地集侵权担责、普法宣传、科普交流、生态景观修复示范等功能于一体，为常熟市域内客观上无法原位修复的生态环境损害赔偿提供了多种替代性修复场景，推动区域生态环境协同治理与保护。

三、生态富民的铜官山效应及启示

在乡村生态文明建设探索过程中，铜官山村从生态修复到发展绿色经济，从提升村民生态文明意识到构建生态文化，从政府主导到多方主体协同发力，走出了一条符合自身实际且具有鲜明特色的生态文明建设之路，其成功经验为同类地区绿色发展提供了有益借鉴。

图6-2 稻田文化广场

（一）科学谋划生态修复与保护方案

铜官山村在进行生态修复与保护时，结合区域实际情况，制定了科学合理的实施方案，并根据实践情况动态调整，促进了区域生态环境的有效改善与可持续发展。

以项目和规划为抓手，推动生态修复与保护有序进行。在项目建设方面，作为长江沿岸环境整治的一个重点项目，铜官山生态保护修复工程以绿化美化乡村山体为中心，开展环境整治和生态保护，景观提升工程融入了稻谷茶叶、南沙古城、“千村美居”等元素，因地制宜划分了四个功能区，并布局了多个特色点位。铜官山村绿美村庄项目以“三化”结合，“三地”同建，“三美”叠加，“三效”兼顾为原则，实现村庄绿化覆盖率达 41%，被评为江苏省国土绿化高质量发展特色精品工程。在规划引领方面，《常熟市“十四五”生态环境保护规划》确定的指导思想与基本原则等对铜官山村的生态修复项目提供了政策支持和方向指引，尤其是在 GEP 核算和转化方面的探索，为评估生态修复效果提供了新的视角和方法。《常熟市海虞镇福山村、铜官山村村庄规划（2023 年修编）》以打造具有农业和乡村旅游特色的现代田园宜居村庄为目标，对铜官山村的发展制定了具体规划和措施。

以重点领域为突破，促进生态修复与保护全面落实。铜官山村注重保护自然风光，促进绿色复苏。为保护铜官山村整体山水空间格局，让人们望得见山、看得见水，铜官山村对辖区内的铜官山进行山体修复。投资实施太湖流域面源污染综合治理，减少对当地水体的生态危害，改善生态环境，带动生态农业发展。铜官山村加强生态化种田，提升农田质量。坚持全部秸秆还田等举措，有效提高农田质量；通过农村湿地系统，解决农业面源污染问题；实施“休耕养地、储粮于地”，提升土地肥力；进一步完善环保设施，推进农业废弃物资源化利用；通过提档、升级、改造、添置、修复等措施，实现生态循环链的高效联接，促进生态良序发展。铜官山村深化人居环境改善，优化村庄风貌。村庄道路硬化适度加宽，满足通行需要，做到路灯全覆盖；推进“厕所革命”，村内无害化卫生户厕普及率达 100%，无旱厕；加大垃圾分类处理力度，配备完善的垃圾收运设施，做到生活垃圾日产日清。

建立长效管理机制，确保修复与保护成果持续有效。在推进铜官山生态修复的过程中，面对村民的各种“疑虑”，村党委实施“走出去、请进来、深挖掘”的“三步走”计划——组织村民至周边美丽乡村实地参观，拓宽村民视野；邀请专业规划设计团队围绕铜官山村的地形地貌量身定做设计方案；深挖铜官山 1700 年的古村文化历史，打造本土特色。在基层治理方面，铜官山村推出并实施“6+X”民主议事会机制与“三个一”工程，鼓励支持群众更广泛、直接、有序地参与基层事务的决策、管理和监督。这种机制在解决生态修复中的如占道经营、交通堵塞等问题时，发挥了重要作用，确保了修复工作的顺利进行和村民的积极参与。强化监督考核，在生态修复过程中，铜官山村安排议事会成员、廉情监督员对议事决策的执行过程进行全程监督，确保各项措施得到有效落实。通过村委会“三务”公开栏定期公示相关情况，接受村民监督。

（二）生态为基的农业产业高质量发展

铜官山村依托丰富的自然资源和深厚的文化底蕴，在积极进行生态修复与保护的基础上，通过一系列创新举措，推动农业产业转型升级，近年来在农业产业高质量发展方面取得了显著成效，推进了生态、经济、社会的协调发展。

全方位推进生态农业建设。坚持生态优先的发展理念，将绿色发展贯穿于农业产业的全过程。通过实施生态修复工程，恢复山体植被，改善水系环境，提高土地的可持续利用能力，为农业产业发展提供了良好的生态环境。村里依托生态优势，积极发展生态农业，推广了绿色种植、有机农业等模式，采用有机肥料替代化学肥料，减少了化肥和农药的使用，降低了对土壤和水源的污染，提升了农产品的品质和市场竞争力。通过引入高效节水灌溉系统，保证了农作物的水分供应，大大节约了水资源。

调整优化农业产业结构。在农业产业结构调整上持续优化，形成以水稻种植、设施农业、乡村旅游产业为主，茶树、花卉、林果种植为辅的现代农业体系。通过引入高效益、高附加值的特色农产品种植，如瓜蒌和碧根果等，丰富了农业产业结构，在品种改良和技术创新的基础上，提高了农产品的产量和品质，增加了农业产值。此外，村里积极探索农文旅融合发展模式，将农业与旅游、文化等产业相结合，打造乡村旅游品牌，吸引游客前来观光旅游、体验农耕文化。

高起点打造农产品品牌。注重农产品品牌建设，通过打造“同官山”瓜蒌籽、“沙家浜”茶叶、“虞盛”大米等农产品品牌，提升农产品的知名度和美誉度。在品牌打造过程中，铜官山村特别重视产品质量的把控，建立了全链条的质量管理体系，严格监控产品生产的每一个环节，确保每个产品都符合绿色无公害的标准。铜官山村积极开展品牌宣传与市场开拓活动，利用参加各种农产品展销会、直播带货、将农产品作为旅游商品推广销售等途径，通过线上线下销售相结合的方式，拓展农产品销售渠道，增强农产品市场竞争力。

注重农业科技创新和信息化发展。高度重视农业科技的应用和创新驱动作用，积极引进和应用现代农业科技，如智慧农业、智能温室、大米全自动包装及码垛输送系统等，提高了农业生产的智能化和自动化水平，提升了农业生产效率，降低了生产成本，提高了经济效益。铜官山村大力推进农业信息化建设，通过建立粮库智慧系统，实现了仓储数据的实时采集和分析，可远程查看环境数据、谷堆温度数据、监控数据、自动包装设备数据等相关信息，并支持数据异常预警。此外，铜官山村还注重农业科技创新和成果转化工作，鼓励农民参与农业科技研发和推广活动，激发农业创新活力。

（三）绿色资源托起农文旅融合发展

铜官山村通过持续性的生态修复与保护，改善了本村生态环境，并以此为依托，整合全村资源，以农业产业化为基础，因地制宜发展休闲农业和乡村旅游，充分挖掘历史文化，打造集农业示范、工艺体验、乡村休闲和历史文化于一体的特色田园乡村。

村企协同联建，助力乡村产业发展。2021 年，10 家企业与铜官山村合作，携手打造铜官山乡村乐园，并以该项目为轴心，推动村企之间多领域、全方位的合作，实现两类主体优势和资源的深度融合，共同推进农文旅融合发展，助力乡村产业发展。同时，对铜官山进行二期升级，建设杂交水稻科普馆、虞乡人家时代体验馆、观山云隐民宿群、虞乡集市等多个“研学游”项目，连结铁黄沙生态岛、平巷里花海和螺蛳湾等点位，大力盘活乡村闲置资源，突出共享经济平台搭建及富民产业导入，有效提高产业收益。

依托资源优势，打造特色农文旅品牌。铜官山村积极推广绿色生态理念，依托本土生态资源与历史文化优势，打造一系列特色农文旅品牌。依托铜官山乡村旅游资源，打造铜官山生态旅游度假区，为游客提供丰富的乡村休闲体验。依托常熟市沿江生态观光农业片区的合作社、公司展销米酒、果蔬、大米等特色农产品，开展农产品展销活动，推动农产品与旅游业的融合发展。依托现有农田、果园、茶园等资源，开发生态农业旅游项目，如生态采摘园、生态农庄、农事体验、田园观光等，既丰富了游客的旅游体验，也带动了当地农产品的销售，实现了农业与旅游的双赢。依托铜官山长江文化公园的建设、发展，不断拓展休闲旅游产业，设立“农耕文化体验”“未成年人社会实践”

等研学游项目，打造乡村休闲民宿和农家乐，带动当地经济发展。

注重产业融合，彰显人文经济魅力。铜官山村拥有悠久的历史和丰富的文化底蕴，这些文化资源成为推动当地旅游发展的重要支撑。基于深入挖掘和传承农耕文化、民俗文化、红色文化等，通过建设文化展览馆、举办文化活动等方式，铜官山村向游客展示了本村独特的文化魅力。2023 年，铜官山村成功举办了首届铜官山民间民俗文化艺术节，展示了独具地域特色的民间艺术。2024 年，铜官山村成功举办 2024 常熟村跑海虞铜官山站活动，村跑线路设计融合了自然风光、人文历史和生态建设，让参与者在享受运动乐趣的同时，深度体验别样的乡村风景。这些文化活动吸引了大量游客前来参观体验，进一步推动了当地旅游业发展。

完善服务体系，强化旅游服务体验。铜官山村在农文旅融合发展过程中，注重提供优质的服务体验。加强基础设施建设，村里修建了宽敞的道路、停车场、游客服务中心等旅游配套设施，对民宿、农家乐等旅游接待设施进行改造升级，为游客提供更加便捷舒适的旅游服务。建立专业的导游团队和完善的旅游服务体系，例如，游客可以享受到专业的导游讲解、便捷的交通接送以及舒适的住宿餐饮等服务。铜官山村还充分利用数字化技术，提供在线预订、智能导览等服务，提高了旅游的便利性。游客可以通过网络平台预订旅游服务，获取旅游信息，享受个性化的旅游体验。

（四）协同发力提升生态治理水平

铜官山村在进行生态文明建设过程中，充分发挥了政府、市场、村民和社会公众等多方主体的协同作用，推动了铜官山生态修复工作的顺利进行，改善了铜官山村的生态环境质量，同时也推进了乡村生态文明建设，为其他地区提供了示范借鉴。

政府主导，统筹规划与政策保障。在铜官山村的生态文明建设过程中，常熟市、海虞镇政府充分发挥了统筹引领作用。2016 年，海虞镇党委、镇政府主导进行铜官山村的生态修复工程并将其作为长江沿岸环境整治的重点项目来推进。以和美乡村建设为目标，政府不断加强顶层设计，制定了详细的规划与实施方案，并开展了一系列建设项目，如铜官山山体修复、森林防火消防整治、农村生活污水治理、垃圾分类与资源化利用等，为生态文明建设提供了有力的制度保障。政府还提供财政支持，并积极吸引鼓励社会资本投入，为铜官山村的生态文明建设提供了充足的资金保障，确保相关建设项目的顺利进行。

市场引入，提供资金与技术支持。企业通过发展乡村旅游、特色农业等，推动了铜官山村生态环境保护与经济社会发展。在铜官山生态修复工程的基础上，依托当地的自然资源，铜官山建设了开放式铜官山乡村乐园，成立了苏州同官山绿色生态农业有限公司、苏州同官山乡村旅游发展有限公司等专业的运营公司，在铜官山乡村乐园建设、运营招商等方面进行专业的市场化运营，为铜官山村的农文旅产业注入了新的活力。常熟市海虞茶叶有限公司以传统制茶工艺为依托，打造了绿色生态农业链条，融合一系列相关体验活动，带动周边观光、餐饮、园艺、游乐设施共同发展，实现了生态效益和经济效益的双赢。

村民参与，生态成果共建共享。在海虞镇铜官山生态修复项目中，村民的参与和贡献至关重要。他们不仅积极参与了村庄的绿化工程，通过植树造林、补绿增绿等方式，使得村庄的绿化覆盖率达到了 41%，显著提升了村庄的生态环境质量，更在环境整治工作中发挥了关键作用，通过“共议、共建、共治、共管”的方式，共同参与到村庄的环境维护中，确保了村庄环境的整洁与美观。此外，村民还结合本地特色，开发旅游研学产品，推动了乡村旅游发展。这些行动不仅提升了村庄的生态环境，也促进了村民的经济增收，有效推进了铜官山村生态文明建设进程。

社会支持，技术保障与宣传教育富有成效。社会组织在铜官山村的生态文明建设中发挥了桥梁和纽带的作用。在生态修复方面，浙江建科院等一些专业的规划设计师团队为铜官山村提供了详细的方案设计和技术支持，确保了生态修复的科学性和有效性。在宣传教育方面，各类媒体积极对铜官山村生态文明建设的进展和成效进行报道，宣传生态环境保护的理念和知识，提高了社会公众对生态文明建设的认识和关注，引导更多的人参与到生态保护行动中。同时，加强了对生态文明建设工作的监督和评估，助力生态文明建设的有序推进。

（五）生态文明意识转化为村民自觉行为

铜官山村在生态文明建设过程中，积极引导提升全社会生态文明意识，从理念宣传、实践行动、生态保护、文化传承、产业发展等多方面入手，形成了全方位、多层次的生态文明建设格局，使生态文明理念深入人心。

乡风文明建设进一步强化。铜官山村修订完善《村规民约》并执行落实，培养村民良好的生活文明习惯。积极开展农村文化传承、道德模范评选、文明家庭、洁美家庭等各类创建活动，引导村民树立绿色生活方式，增强生态文明意识，治出文明乡风，形成了好风气的宜居乡村。在铜官山乡村乐园内，村委会向村民租赁闲置的民宅，将其改造成餐厅、民宿、咖啡厅等，成功将乐园打造为一个以自然生态为基调，农村集体经济组织与多元市场主体有效联结，集美丽田园、茶园、果园、花园和农民新家园为一体的生态休闲地标，在推动生态文明理念认识强化的同时提高了经济收益。

生态科普宣传深入人心。铜官山村以乡村乐园为载体，常态化开展全民阅读、书画作品展、传统戏曲表演、农事体验夏令营、丰收节生态亲子嘉年华等活动，充分利用自身的丰富资源，积极发挥生态环境宣传引领作用，在普及生态环境知识、弘扬文明理念、提升居民素养方面作出了有益探索。围绕生态文明理念宣传，铜官山乡村乐园以“兴起生态学习教育热潮　看铜官山生态美颜逆袭”为主题，整合党史主题广场、强国亭等红色元素打造了一条生态文明科普及精品游线路，借力生态美颜诠释新发展理念。

教育体验活动丰富人文乡村内涵。铜官山村利用现有可供来访者学习、参观、游览的平台，结合本村多年来对生态文明建设的成果，通过实践模拟、体验教学、现场观摩等多种手段进行参与式、体验式、互动式生态文明教育实践活动，利用现有的生态文明教育资源，用以物应人、以物化人的理念开展生态文明教育体验和实践活动，包括非遗炒茶、民俗文化、红色党建、农耕体验等各色主题，丰富了乡村文化内涵。

第七章

在城乡融合发展中书写乡村振兴新篇

党的二十届三中全会进一步强调："城乡融合发展是中国式现代化的必然要求。必须统筹新型工业化、新型城镇化和乡村全面振兴，全面提高城乡规划、建设、治理融合水平，促进城乡要素平等交换、双向流动，缩小城乡差别，促进城乡共同繁荣发展。"铜官山村地处长三角核心区域，长三角一体化发展推动了区域基础设施、公共服务、生产要素、城乡居民等的互联互通，为铜官山村带来了战略发展机遇。在新一轮城乡融合发展中，铜官山村依靠区域交通网络节点优势、生态环境共治共享、农文旅融合发展、数智化赋能发力、人才返乡创业就业等，必将书写出现代化乡村全面振兴新篇章。

一、区域一体化发展创造乡村振兴机遇

长三角一体化发展战略对全面推进乡村振兴具有重要意义。一体化的实施进一步打破了地区间的界限和行政壁垒，拓展了乡村振兴的发展空间，城乡融合发展为乡村地区带来了更多的发展机遇和资源，有助于乡村将生态优势转化为发展优势，实现农业发展、生产发展、生态宜居、生活富裕的美好愿景。

（一）推进区域基础设施互联互通

长三角一体化和乡村振兴是新时代国家重大发展战略和任务，推动着我国经济社会的可持续发展。2019 年 12 月，中共中央、国务院印发了《长江三角洲区域一体化发展规划纲要》，强调要强化区域联动发展，促进城乡融合发展，提升基础设施互联互通水平，协同建设一体化综合交通体系，构建区域协调发展的新格局。长三角地区作为我国经济发展最活跃、开放程度最高、创新能力最强的区域之一，其一体化发展推进了区域基础设施的互联互通，加强了城乡之间的联系，为乡村振兴注入了新的活力。

加强交通基础设施协同互联。交通是乡村发展的重要支撑。通过建设高铁、高速公路、城际轨道等交通网络，长三角区域缩短了城乡之间的距离，打破了城乡之间的地理隔阂，加强了区域内的经济联系。乡村地区通过交通基础设施的升级，更好地融入长三角的发展大局。这种便捷的交通网络使得城市中的资金、技术、人才等资源能够更快地流向乡村地区，为乡村的经济社会发展提供有力支撑，便于形成区域发展的合力，增强产业竞争力。同时，乡村的特色农产品和旅游资源也能更方便地进入城市市场，促进农民增收和旅游产业发展，推动乡村产业的升级。

促进能源基础设施共建共享。能源是乡村发展的重要动力。通过统一规划、统筹布局，实现城乡能源供应的一体化发展，确保乡村地区的稳定供电和清洁能源供应，既优化乡村地区的能源结构，又能够提高能源利用效率，改善农民的生活条件，为乡村产业发展提供坚实的能源保障。长三角地区能源基础设施的共建互通，使得清洁能源能够更加便捷地流入乡村，推动乡村绿色和可持续发展。这种共建共享的模式可以节约成本，促进资源优化配置，为乡村振兴提供有力支持。

助力通信基础设施提升优化。通信是乡村发展的重要力量。随着5G网络、工业互联网和物联网等新型基础设施的逐步成熟，长三角一体化加速推进城乡之间信息化服务的共享，提高乡村地区的信息化水平。乡村地区通过提升完善通信基础设施，改善居民生活品质，提高教育、医疗等公共服务水平。同时，优化的通信基础设施可以吸引更多投资和创新资源流向乡村，推动乡村经济的数字化转型和产业升级，为乡村地区带来更多发展机遇。

（二）深化区域公共服务共建共享

长三角区域一体化发展将进一步缩小城乡差距，推动城乡在经济、社会、文化等的深度融合。同时，提高城乡资源配置效率，实现区域内公共服务资源的整合与优化配置，避免重复建设和资源浪费，有效提高公共服务的供给效率和质量。无论是教育、医疗还是文化等公共服务的共建共享，都能够推动乡村居民在公共服务方面享有平等的权利和机会，体现社会的公平正义，也能够极大地改善乡村居民的生活条件，增强其获得感和幸福感，对于实现乡村振兴具有不可忽视的重要意义。

强化教育资源均衡配置。高质量的教育是乡村振兴的基础工程。长三角地区通过建立教育资源共享平台，使优质教育资源在长三角地区内自由流动，促进城乡教育资源的均衡发展，为乡村孩子提供更多接受良好教育的机会。鼓励城乡教师之间的交流与合作，通过师资互派等方式，将城市先进的教育理念和教学方法带到乡村，提高乡村的教育质量，为乡村振兴提供坚实的教育支撑。

改善提升医疗卫生水平。优质的医疗卫生条件是乡村振兴的健康基石。长三角一体化推动了医疗资源的共享和医疗信息的互通，通过远程医疗、医联体建设等方式，将优质医疗资源延伸到乡村地区，提升乡村医疗保障能力，使乡村居民能够更便捷地享受到高水平的医疗服务。乡村地区通过与城市高级医疗机构合作，引进先进医疗技术和管理经验，规范乡村医疗行为，提升服务水平。

优化完善社会保障体系。健全的社会保障体系是乡村振兴的重要保障。通过持续推进长三角“一网通办”建设和公共数据汇聚共享，促使优质公共服务资源更快地流向乡村地区。通过逐步完善乡村地区的社会保险、社会救助等制度，确保乡村居民的基本生活得到切实保障。目前，长三角地区已实现了异地就医直接结算的互联互通，较好解决了乡村居民看病难、报销烦的问题。

（三）促进区域生产要素高效配置

2023 年 11 月，习近平总书记在深入推进长三角一体化发展座谈会上指出，“要推进跨区域共建共享，有序推动产业跨区域转移和生产要素合理配置，使长三角真正成为区域发展共同体。”土地、劳动力、资本、技术、数据等生产要素在区域内的高效配置是长三角一体化发展中的重要环节，通过优化资源配置、促进资源流动和加强交流合作，为乡村振兴提供了坚实的基础。

推动土地资源合理利用。在土地要素方面，长三角一体化推动了土地资源的跨区域整合，为乡村振兴提供了发展空间。通过进行土地流转，土地资源在不同区域之间进行合理调配，实现土地的优化利用，提高土地使用效率。此外，长三角地区积极推动农村土地制度改革，鼓励农民自愿流转土地承包经营权，促进土地规模化经营和农业现代化，为乡村经济发展注入新的活力。

助推劳动力资源优化配置。在劳动力要素方面，长三角一体化促进了劳动力的自由流动和合理配置，为乡村振兴提供了有力的人才保障。随着城乡融合的推进，通过加强区域间的交流与合作，乡村地区可以吸引城市地区的技术和管理人才，提升当地劳动力的技能和素质，推动乡村产业升级。与此同时，乡村劳动力可以更方便地进入城市就业市场，提高自身收入水平。

加快资本资源有效流动。在资本要素方面，长三角一体化为乡村振兴带来了有力的资金支持。政府方面加大对乡村地区的支持力度，积极引导社会资本流入乡村地区。乡村企业和个人可以通过更广泛的融资渠道获得资金支持，降低融资成本，有效推动农业技术创新、基础设施建设、公共服务提升和产业发展，从而加速乡村经济的发展。

深化技术资源应用合作。在技术要素方面，长三角一体化发展加速了区域间的技术交流与共享。随着科技创新的不断深入与城乡融合的不断推进，越来越多的先进技术向乡村转移和推广，乡村地区可以更便捷地获取先进的农业技术和管理知识，提高农业生产效率和产品质量。同时，通过加强对乡村地区的技术指导，提升农民的技术水平和创新能力，进一步推动乡村的科技振兴。

强化数据资源互通共享。在数据要素方面，长三角一体化发展强化了数据资源的互通共享。数据已经成为重要的生产要素，长三角地区通过建立数据共享平台、加强数据分析与应用等方式，实现数据的互通有无和高效利用，对于指导农业生产、优化资源配置、提升公共服务等方面都具有重要意义，为乡村振兴提供有力的数据支撑。

（四）便利区域城乡居民互动交往

长三角一体化让交通基础设施不断完善，城乡之间的距离因密集的高铁、高速公路等交通网络进一步缩短。城乡公交线路的优化让城乡居民的出行更加便捷，很大程度上方便了城乡人员之间的往来，加强了城乡居民在经济、文化和社会层面的互动交往，推动实现城乡经济的协同发展、文化的传承创新与社会的交流共享，为乡村全面振兴注入新的动力和活力。

促进区域经济协同发展。城乡的便捷交往为居民提供了更多的消费选择与收入渠道。城镇居民能够更深入地了解乡村的自然风光、传统文化和特色产业，为乡村旅游、农产品销售等带来更多发展机会。城乡的互联互通为居民提供了更广阔的就业选择。城市的企业可以将部分业务拓展到乡村，创造更多农村就业岗位，同时乡村劳动力也能反哺城市发展。这种双向的经济流动不仅增加了乡村居民的收入，也促进了乡村经济的多元化发展。

激发区域文化传承创新。城乡融合发展促进了文化的交流与碰撞，推进了文化的传承与创新。城市居民带着现代化的生活理念和丰富的文化体验回到乡村，有助于改变传统观念，提高乡村社会的开放性和包容性，丰富乡村文化内涵。通过加强城乡居民之间的文化交流活动，如文艺演出、展览展示等，丰富彼此的文化生活，促进城乡文化的融合和共同繁荣。通过推广城市文明理念和乡村优秀传统文化相结合的新时代乡村文明，提升乡村社会的整体文明程度，为乡村振兴提供强大的精神支撑。

社会服务资源交流共享。互联互通可以促进优质教育资源的流通与共享，推动城镇优秀教师资源到乡村来，让乡村的学生有更多机会参与到市区的教育和培训活动中去。在医疗方面，市区的医疗专家能够到村里进行义诊和技术指导，让村民们在家就能够享受到更专业的医疗服务。在社会治理方面，乡村地区可以借鉴城市地区的治理经验，提升乡村的治理能力。

二、城乡融合发展提升乡村振兴质效

党的二十大报告明确提出："以城市群、都市圈为依托构建大中小城市协调发展格局，推进以县城为重要载体的城镇化建设。"都市圈的发展不仅重塑了城市格局，也为周边乡村带来了前所未有的发展机遇。铜官山村地处上海大都市圈和苏锡常都市圈范围内，随着交通网络的不断完善和城乡融合战略的深入实施，必将在现代化的乡村振兴中绘出更美的画卷。

（一）区域交通网络发达

随着区域一体化的不断推进，交通基础设施的互联互通已成为推动地区经济社会发展的关键要素。铜官山村，凭借独特的地理位置和资源条件，在区域交通一体化的趋势下正面临着新的发展机遇。

地理位置优越，交通网络节点优势突出。铜官山村位于常熟市与张家港市的联结处，东接福山，西邻塘桥，地处长三角核心区域，紧邻上海、苏州、无锡等多个经济发达城市。这一优越地理位置使得铜官山村成为连接不同城市、推动区域协作的重要节点。随着上海大都市圈、苏锡常都市圈、苏州市域一体化发展规划的深入推进，铜官山村的高速公路、城际铁路、水路运输等交通网络日益完善，形成了四通八达的立体交通体系。在高速公路方面，铜官山村周边有多条高速公路交会，338 省道、常福公路、羊福公路穿村而过，增强了铜官山村与长三角各大城市之间的交通联系。在城际铁路方面，随着长三角城际铁路网的不断完善，铜官山村更加便捷地融入了周边城市的“一小时经济圈”，提高了铜官山村与外界交往的便利性。铜官山村地处江南水乡，拥有得天独厚的水资源条件，随着内河航运的不断发展，水路运输已成为铜官山村对外交通的重要组成部分。

基础设施改善，交通条件显著提高。近年来，铜官山村积极响应国家乡村振兴战略，加大交通基础设施建设力度，交通条件得到了显著提高。新建和改扩建的道路项目改善了村内整体交通水平，在方便村民出行的同时，也为外来游客等社会公众提供了良好的交通环境，促进了当地旅游业和相关服务业的发展。在公共交通方面，铜官山村取得了积极进展。随着公交线路的不断优化和延伸，村民的出行成本进一步降低，生活质量得到显著提升。公共交通的改善也为铜官山村发展乡村旅游、吸引外来游客提供了有力支撑。

区域协同增强，发展要素高效流动。区域交通一体化不仅加强了铜官山村的对外往来，更推动了区域间的协同合作与资源共享，为铜官山村带来了产业多元化的发展机遇。在要素流动方面，随着交通水平的提升，铜官山村能够快速融入长三角一体化发展大局，吸引外部资金、技术、人才等要素流入，为当地经济社会发展注入新的活力，不断提升自身发展优势。在产业协作方面，铜官山村可以依托便捷的交通条件，加强与周边城市的产业联动，共同打造产业集群，推动当地产业升级。在乡村文旅方面，交通条件的改善会吸引越来越多的游客到铜官山村体验乡村风情和田园生活，推动铜官山村乡村文旅的发展。在农业发展方面，便捷的交通条件为铜官山村的农产品进出提供更多机会，有助于提高农民收入水平。

（二）生态环境共治共享

随着长三角一体化发展上升为国家战略，以及长江流域生态保护和修复的协同推进，铜官山村在生态环境共治共享方面不断显现出新的优势。通过在区域合作、产业协同、制度保障等多方面联动，铜官山村可加速实现生态环境保护与经济社会发展的协调统一。

区域合作推动生态治理。长三角一体化发展强调区域间的合作与共享，铜官山村可积极与长三角地区的其他地区开展跨区域合作与交流活动，建立区域协同生态保护机制，共同推进生态环境治理工作，共享区域生态资源。通过与区域内其他城市建立区域协同生态保护机制，共同开展生态环境监测、污染联防联控等工作，形成生态环境治理与保护合力，共同应对生态环境治理中的挑战和问题，推动形成区域间生态环境共治共享的良好局面。

产业协同提高生态效益。在区域一体化战略的推动下，铜官山村加强与周边城市合作，推动区域内产业协同发展。依托自身资源环境优势与区域内产业优势，铜官山村可积极发展生态农业、绿色旅游等绿色产业，推动自身经济结构的绿色转型。依靠周边城市的产业链优势，引入先进技术和管理模式，提升自身的产业竞争力，实现经济效益和生态效益的双赢。加强与长三角地区企业的合作与交流，共同发展环保产业，如新能源、环境监测、污染治理等，协同探索绿色发展的新模式和新路径，在促进村民增收致富、提升铜官山村经济实力的同时，提高生态环境治理能力与生态环境质量，推动生态效益的持续增长。

制度保障促进生态保护。在长三角一体化发展进程中，各级政府出台了一系列政策措施，从资金、技术等各方面来支持区域内生态环境共治共享，为铜官山村在生态环境治理方面开展跨区域合作提供了制度保障。《长江三角洲区域一体化发展规划纲要》明确指出，要强化生态环境共保联治，推动生态环境协同监管，共同加强生态保护和环境协同防治。铜官山村可充分利用这些政策便利，推动自身生态保护工作的进行。例如，通过申请政府的生态保护项目和专项资金，铜官山村可以提升自身的生态保护能力，改善区域内生态环境质量。积极学习区域内其他城市的生态环境保护相关政策与治理规划，参与区域生态环境治理的合作机制建设，比如跨区域的污染防治、生态修复工程等，共同推进生态环境质量的提升。

（三）农文旅融合发展

在城乡融合发展过程中，随着城乡互联互通和协调发展，铜官山村的文旅产业迎来了更为丰富的资源支撑和更为广阔的发展空间。

图7-1　铜官山长江文化公园

农文旅资源共享。铜官山村扎实践行“绿水青山就是金山银山”理念，实施铜官山生态修复工程，依托铜官山 1700 多年的历史文化，通过整合自然生态、历史文化、民俗风情等多种元素，打造精品美游路线，建设开放式铜官山乡村乐园，推动农文旅融合发展。依靠长三角一体化与城乡融合发展优势，铜官山村可在现有基础上，深化农文旅发展成效。进一步挖掘自身的历史文化、自然风光等文旅资源，结合现代发展实践，在与长三角区域内其他优质文旅资源进行有效整合的基础上，开发更多具有地方特色的文旅产品。积极与长三角区域内其他城市探索合作路径，共同推动文旅相关资源共享，加强交通、住宿、餐饮等旅游服务设施的一体化发展，提升游客旅游体验，提升自身文旅吸引力和竞争力。

区域市场拓展。区域交通网络的日益完善提高了铜官山村的可达性，既利于游客更加便捷地来到铜官山村感受自然风光，又方便了铜官山村与周边城市进行交流合作，拓展区域文旅市场，为当地文旅产业的发展提供了坚实的发展基础。铜官山村可充分利用《长三角文化和旅游高质量一体化发展框架协议》等机制的便利条件，积极与长三角地区其他城市开展合作，开发具有区域特色的文化旅游项目和线路，共同推动区域文旅产业的协同发展。通过整合利用区域内的文化资源和技术优势，与周边城市共同合作开发具有区域特色的文旅创意产品。通过参加长三角地区各类旅游博览会、文化节等活动展示铜官山村的文旅资源和特色产品，提升铜官山村文旅的知名度。

品牌建设提速。长三角一体化战略的实施，促进了区域内城市间的品牌合作和资源共享。铜官山村借助这一机遇，充分利用自身丰富的自然景观和人文资源，通过加强与周边城市的合作，共同打造区域旅游品牌。例如，铜官山村可与苏州、无锡等地联合推出“江南水乡”旅游线路，联合打造特色文旅 IP，吸引更多的游客，推动文旅产业发展。利用短视频、微博、微信等社交媒体平台，参与区域性的旅游交易展会等旅游推广活动，与长三角内其他旅游景区和旅游企业开展联合营销，多渠道宣传铜官山村文旅品牌，提升整体知名度和影响力。

（四）数智化赋能发力

近年来，以互联网、人工智能、区块链、大数据等为代表的数字技术飞速发展，逐渐融入经济社会发展的各个环节。习近平总书记指出：“数字技术正以新理念、新业态、新模式全面融入人类经济、政治、文化、社会、生态文明建设各领域和全过程，给人类生产生活带来广泛而深刻的影响”①。长三角区域是我国数字技术发展先行区，铜官

① 《习近平向 2021 年世界互联网大会乌镇峰会致贺信》，载《人民日报》2021 年 9 月 27 日，第 1 版。

山村可充分利用这一优势，以数字技术助力实现乡村振兴。

赋能智慧农业发展。农业是铜官山村的传统产业之一，依靠数字技术，铜官山村大力发展智慧农业，不断推动农业向智能化、精准化、绿色化方向发展。积极运用物联网技术，通过建设智慧农业物联网系统，实现农业生产过程的智能化和精细化管理，提高农业生产效率和产品质量。积极运用大数据分析技术，对农业生产过程中的数据进行采集与分析，为农户提供更加科学的生产建议方案。进一步深入数字技术惠农服务，例如，益农信息社发送惠农短信，持续提升村民生活质量，促进农村经济的发展；通过直播等方式拓宽农产品销售渠道，打造农产品电商经营新业态，增加农民收入。

助力智慧旅游发展。智慧旅游是推动铜官山村文旅产业高质量、可持续发展的重要引擎，以数字技术应用为手段，铜官山村可加快构建智能化、专业化、特色化、个性化的智慧旅游体系，不断提升旅游体验和服务质量。在旅游体验方面，借助 VR、AR 等技术手段，结合当地文旅资源，打造沉浸式旅游体验项目，吸引更多游客前来参观体验，提升旅游影响力。在服务质量方面，运用大数据、人工智能等技术手段，建立并持续优化旅游信息平台，实现景点信息、旅游路线、门票预订、导览讲解、餐饮住宿等旅游服务的数字化，以个性化的旅游路线、旅游配套服务提升游客体验感。

提升乡村治理数字化水平。铜官山村积极推进基层乡村治理数字化，通过数字技术的嵌入推动治理思维的转变，有效提升乡村治理效能。通过使用“乡村云”平台等数字工具，集村民信息、考核评价、积分服务等功能于一体，助力构建健全的基层数字化治理体系。铜官山村建成数字乡村管理系统，打造集事项统一处理、数据汇聚共享、业务协同流转于一体的综合管理服务大枢纽体系，不断提升农村数字化治理水平。借助长三角区域数字技术优势，可加强与区域内其他城市的交流学习，运用数字化手段不断提升乡村治理的智能化水平，优化公共服务，加强村民自治，提高村民治理参与度，推动社会治理模式的创新与能力的提升，促进乡村振兴战略有效落地。

（五）人才返乡创业更加便捷

人才振兴是乡村振兴的基础，积极推动人才返乡创业就业是推动乡村经济社会发展的重要方式。2018 年 6 月 14 日，习近平总书记在济南市章丘区双山街道三涧溪村考察时强调："要积极培养本土人才，鼓励外出能人返乡创业，鼓励大学生村官扎根基层，为乡村振兴提供人才保障。"城乡融合发展为铜官山村带来政策支持、基础设施建设完善、产业结构升级、生态环境改善、创业环境优化等多方面的发展机遇，为人才返乡创业就业提供了便利。

政策支持强化。铜官山村积极落实国家及地方政府的就业创业政策，特别是针对返乡人才的扶持政策。通过提供政策咨询、创业指导、资金扶持等方式，鼓励和支持在外人才返乡创业就业。注重加强创业培训，针对返乡人员不同创业阶段，开展产生创业想法、创办企业、改善企业、扩大企业和网络创业等课程，按规定给予 300 至 1500 元的培训补贴，并不断加强创业培训师资队伍建设，建立健全创业培训师资库。积极对接银行业金融机构，开发符合返乡创业人员需求特点的金融产品和金融服务，加大对返乡创业的信贷支持和服务力度，不断提升金融服务水平。在政策激励和村党委的积极引导下，铜官山村近年来返乡创业人数持续增长。这些返乡人才不仅带来了新的创业理念和经营模式，还带动了本地就业和经济发展。在城乡融合发展背景下，铜官山村可积极利用相关扶持政策和专项资金，进一步加强人才创业就业基础设施建设，改善创业就业培训条件，提升创业就业服务水平。

创业环境优化。铜官山村不定期举办返乡创业创新大赛、项目路演展示交流等活动，评选返乡创业明星和返乡创业能人，激发返乡创业热情。注重宣传推广，及时总结、推广返乡创业好的经验做法。充分利用受众面广、宣传效果好的新媒体，大力宣传促进返乡创业的优惠政策、服务举措和典型事例，弘扬创业创新文化，营造全社会共同关心和支持返乡创业的良好氛围。返乡创业不仅解决了创业者自身的就业问题，还通过创办企业、合作社等方式，为当地村民提供了大量就业机会。借助城乡融合发展，铜官山村积极调整产业结构，大力发展现代农业、乡村旅游、文化创意等新兴产业，拓宽人才返乡的就业渠道，为返乡人才提供了更多元化的创业选择。交通网络的不断完善、公共基础设施的提档升级、创新创业平台的逐步搭建、先进技术和人才的交流合作共同优化了铜官山村的创业就业环境，增强了返乡人才的工作生活幸福感。

培养机制完善。铜官山村不断完善创业服务体系，为返乡创业人才提供全方位的支持。通过统一开展各项培训工作，以专利申请、农业种植管理技术为切入点，进一步提升人才素质，推动乡村人才振兴。通过培训，返乡人才在农业、乡村旅游、电子商务等领域表现出较强的创业意愿和创业能力。例如，依托铜官山乡村乐园的建设，返乡人才积极发展乡村旅游产业，吸引了大量游客，带动了当地村民的就业和增收。依托长三角区域人才资源优势，铜官山加强与长三角地区高校、科研院所的合作，招引更多优秀人才返乡，加强对本地人才的能力培养，为本地产业发展提供优秀的高素质技能人才。

三、在高质量发展中绘出“铜官山村胜景”

曾经的铜官山村犹如沉睡的璞玉，在广袤的大地上藉藉无名，但时代的春风拂过，勤劳的村民通过坚持不懈地探索与实践，实现了从“挖青山”到“养青山”的转型。在全村上下的共同努力下，铜官山村农文旅产业蓬勃发展，为小小的山村吸引了大大的“流量”，带动了经济的快速发展，让村民增收致富。在城乡融合发展和全面推进乡村振兴战略的双重叠加下，铜官山村高质量发展之路越来越坚实，未来将绘出江南幸福鱼米乡的新胜景。

（一）放大地域“窗口效应”

在城乡融合发展中，铜官山村可充分利用现有的自然资源和农业产业优势，进一步探索未来发展模式，致力于成为展示乡村振兴和城乡融合发展的典范，形成具有农文旅特色的现代田园宜居村庄的“窗口效应”。

加速推进农业产业现代化。铜官山村瞄准农业现代化目标，应加大扶持中小企业力度，尤其是对虞盛农产品专业合作社、海虞茶叶有限公司等村龙头企业，鼓励村民积极参与经营，提高农业生产效率和经济效益。提高“味稻常熟”“沙家浜”牌碧螺春、白茶和茗毫等农产品的品牌影响力，积极举办农产品展销会、农业体验活动等，展示农业现代化的成果和特色，拓宽销路。加强农业科技研发，推广农业科技应用，提高农业智能化水平。发展多元产业，规划工业仓储用地，发展高效加工农业，促进一二三产融合。

打造特色文化品牌。铜官山村立足本地文化资源，深入挖掘和传承当地的人文历史文化，将其与乡村发展相结合，形成独特的乡村文化品牌，打造本土旅游品牌或 IP 形象，增加产品附加值。通过建设文化展览馆、举办文化活动等形式，向外界展示独特的乡村文化魅力。在品牌打造的同时，通过微信、微博、抖音等新媒体平台，宣传和推广铜官山村的文旅产品。推动铜官山村农文旅产业的创新发展。

形成生态文旅发展合力。积极推动农业与旅游业的深度融合，开发更多具有特色的农业旅游项目，如农事体验、农产品采摘加工等，增加农民的多元化收入来源。以铜官山区域为核心，串联周边茅家山、殿山、西山（永安山）、平巷花海等多个景点，形成更丰富的景点联动旅游线路，吸引更多游客，带动乡村旅游业发展。基于铜官山的自然景观资源，打造具有吸引力的生态旅游项目，如规划完善的徒步路线、露营基地等，举办生态旅游节，吸引更多游客前来，将铜官山村打造成为展示乡村生态之美的窗口。

（二）当好乡村共富示范

铜官山村深入推进乡村振兴战略，抢抓区域一体化与城乡融合发展机遇，致力于打造集产业协同发展、基层治理全民参与、生态环境共治共享的综合性示范区，在实现经济共富、社会共富、生态共富上走在前、做示范。

产业融合协同发展，实现经济共富。铜官山村基于现有产业发展基础，应进一步优化农村产业发展规划，引导产业合理布局，促进区域产业协同发展。推动产业转型升级，深入挖掘铜官山村历史文化资源，依托自然资源及区域一体化中的区位优势，持续提升铜官山乡村乐园等平台载体功能，发展乡村旅游、生态农业等特色产业，探索农文旅融合新路径，为村民提供更多的就业机会和增收渠道。鼓励农业与旅游、文化创意等产业的融合，形成产业链条延伸，构建从生产到加工、销售的完整产业链，增加村民就业机会。加强与周边城市的产业合作，推动区域一体化进程中的资源共享，形成产业互补和协同发展，共享区域发展成果。

基层治理全民参与，实现社会共富。坚持全民参与，持续完善基层治理体系，完善《村规民约》和各种自治章程，加强基层党组织建设，提升基层治理水平，构建共建共治共享的社会治理格局。完善民主议事机制，深入推进现有“6+X”民主议事会机制，鼓励并支持群众直接参与基层事务的决策、管理和监督。持续优化铜官山村数字乡村管理系统，借助数字技术提升基层治理效率，便于村民随时随地参与村内事务的管理和监督。加强宣传推广，利用村公开栏、广播、微信公众号、智慧社区等媒介，积极引导村民参与基层治理。

生态环境共治共享，实现生态共富。持续强化政府规划引导作用，制定并完善符合本地实际需求的生态环境保护方案与相关规定，明确各主体责任和义务，为共治共享提供依据和保障。落实企业主体责任，鼓励企业积极采用清洁生产技术，主动承担治理责任，减少污染物排放，实现绿色生产，履行社会责任。加强生态环境保护的宣传教育，提高公众的环保意识和参与度，落实“互联网＋全民义务植树”基地等平台的宣传教育作用，鼓励村民积极参与生态环境保护工作，形成全社会共同关注、共同参与的良好氛围。针对跨区域的生态环境问题，积极推动建立跨区域合作机制，共同制定治理方案，协同推进生态环境治理和保护工作。

（三）构建乡村文明高地

习近平总书记在庆祝中国共产党成立100周年大会上的主要讲话中指出："我们坚持和发展中国特色社会主义，推动物质文明、政治文明、精神文明、社会文明、生态文明协调发展，创造了中国式现代化新道路，创造了人类文明新形态。"铜官山村积极落实"五个文明"建设，围绕"五大振兴"创新实践，努力打造乡村"文明"高地。

推动经济发展，夯实物质文明。铜官山村应立足现代农业和乡村休闲旅游融合发展，持续发展特色产业，打造具有识别度与影响力的品牌，推动产业转型升级，提高经济效益。举办农业观光节、茶文化节等活动，吸引游客前来体验乡村生活，带动乡村旅游经济发展。新改建标准厂房，引进企业入驻，增加村级企业工业总产值，带动农村经济整体提升。探索更多与区域周边城市的产业合作机会，形成产业链上下游的紧密协作关系，共同拓展发展空间。引导土地流转，推动农业规模化经营，提高农业生产效益。完善村内基础设施建设，包括道路、交通、网络、农业设备等，提升村民生活品质，提高农业生产效率，强化区域连通性。

打造法治乡村，推进政治文明。深入开展基层民主法治建设工作，完善村民自治机制，营造良好的村级经济发展和社会稳定环境。强化党组织领导，加强村党委自身建设，发挥党员先锋模范作用，带动村民积极参与村庄治理。深入实施"五民主三公开"，确保村级事务的民主化、公开化。充分利用铜官山乡村乐园等法治文化特色园，开展形式多样的法治宣传教育活动，提高村民的法律意识和法治观念。加强矛盾纠纷调解机制建设，及时化解村民之间的矛盾和纠纷，维护社会稳定和谐。

丰富文化生活，“活化”精神文明。加强农村文化建设，组织开展丰富多样的文化活动，如文化创意集市、游艺亲子互动等，丰富村民的文化生活，提升村民的文化素养和文明程度。挖掘和传承乡村优秀传统文化，如家风家训、农耕文化等，增强村民的文化自信和归属感。深入挖掘并利用铜官山的历史文化资源，建设沉浸式文化体验基地，打造文化品牌，推动文化传承和弘扬。组织村民学习道德模范和身边好人的事迹，举办道德讲堂、文明礼仪培训等活动，提升村民的道德素养和文明程度。

完善公共服务，提升社会文明。铜官山村要持续完善公共服务设施，提升公共服务便利共享水平，如医疗卫生、教育、养老等，提高村民的生活质量和幸福感。加强社会治理体系建设，探索建立网格化管理模式，充分利用现代信息技术手段，实现村庄管理的精细化和科学化，提高社会治理水平。建立村级信息服务平台，提供政策咨询、技术培训、农产品销售等一站式服务。推进农村危房改造和村庄整治工作，加强农村环境卫生治理，改善村民居住条件。探索建立多元化、社会化的公共服务供给机制，鼓励和支持社会力量参与乡村公共服务建设。

深化绿色发展，共建生态文明。铜官山村以加强生态环境保护、提高生态环境质量为目标，深入推进生态修复工程，保护和改善自然生态环境，持续提升生态系统服务功能。树立绿色发展理念，推动农业、工业等产业的绿色转型和升级，引导农民使用有机肥、生物农药等环保农资产品，减少环境污染。倡导绿色低碳的生活方式，鼓励村民节约资源、保护环境。开展美丽庭院、美丽街巷等创建活动，引导村民美化自家环境，共同打造宜居乡村。发展乡村旅游等绿色产业，实现经济发展与生态保护的双赢。

（四）打造乡村人才高地

习近平总书记强调，要“牢固确立人才引领发展的战略地位，全面聚集人才，着力夯实创新发展人才基础”[①]“必须把人才资源开发放在最优先位置，大力建设战略人才力量，着力夯实创新发展人才基础”[②]“必须坚定人才培养自信，造就一流科技领军人才和创新团队，培养具有国际竞争力的青年科技人才后备军”[③]。人才是实现乡村振兴和推动地方经济社会发展的强有力保障，铜官山村抢抓区域一体化与城乡融合发展机遇，努力发展成为多元化、多层次、有活力的乡村人才高地。

引育并举，打造多层次的人才队伍。为加强人才队伍建设，铜官山村可进一步优化人才引进机制，出台具有吸引力的人才引进政策，包括提供优厚的薪酬待遇、住房补贴、子女教育优惠等，降低人才的生活成本，提高其生活质量。搭建人才引进平台，加强与区域内其他城市高校、企业、职业院校、科研机构等的合作，通过建立产学研合作平台，吸引优秀人才来村实践、创业或就业；通过开展定向培养项目，为铜官山村培养急需的专业人才。依托长三角区域优势，吸引海外优秀人才，形成具有国际视野的人才队伍。完善人才培养体系，依托常熟市乡村振兴学院等机构，开展多样化的教育培训活动，提升现有人才的专业技能和综合素质。

---

① 习近平：《努力成为世界主要科学中心和创新高地》，载《求是》2021 年第 6 期。

② 习近平：《深入实施新时代人才强国战略 加快建设世界重要人才中心和创新高地》，载《求是》2021 年第 24 期。

③ 同上。

强化激励，打造高素质的人才队伍。通过构建人才创新创业平台，为人才提供创业指导、资金扶持、政策优惠等支持，激发其创新创业活力。建立产学研合作机制，加强与高校、科研机构的合作，推动科技成果转化和产业升级。完善基础设施和公共服务设施，提高人才的生活便利度和舒适度。营造良好的工作环境和企业文化，让人才在铜官山村有归属感和幸福感。建立科学、公正、透明的绩效考核体系，对人才的工作业绩进行客观评价，并根据考核结果给予相应的奖励和激励，包括薪酬待遇、职业发展空间、福利待遇等，以激发人才的工作热情。对作出突出贡献的人才给予股权激励，将其利益与村集体利益紧密捆绑在一起，增强其归属感和责任感。

完善服务，打造有创新活力的人才队伍。建立一站式人才服务中心，为人才提供政策咨询、手续办理、住房安排等全方位服务。关注人才的成长需求和职业规划，提供个性化的职业指导和发展建议，帮助其实现个人价值和职业发展目标。营造尊重人才、爱护人才、成就人才的良好氛围，让人才在铜官山村感受到温暖和关怀。鼓励村内企业加大对人才的培养和引进，积极引导人才分享经验和教训，促进科技创新成果的交流和共享。关注人才的生活需求和心理状态，提供必要的生活保障和心理疏导服务。

（五）强化普惠金融支撑

2023 年，中国人民银行等五部门联合发布《关于金融支持全面推进乡村振兴 加快建设农业强国的指导意见》，提出要引导更多金融资源配置到乡村振兴重点领域和薄弱环节，为全面推进乡村振兴、加快建设农业强国提供更强有力的金融支撑。长三角地区作为我国经济最发达的区域之一，其一体化发展促进了区域经济的深度融合，也为铜官山村在获取金融支持方面带来了新的机会。

用好金融政策支持。铜官山村与常熟农商银行、中国工商银行常熟支行共建，合力为铜官山村重点项目建设提供强有力的金融保障，全面支持铜官山村经济发展，全方位优化金融服务，做铜官山村村民的“金融管家”，实现金融与“三农”经济的共荣共赢，合力为铜官山村重点项目建设提供强有力的金融保障，全面支持铜官山村经济发展，全方位优化金融服务，做铜官山村村民的“金融管家”。长三角一体化为铜官山村带来了金融政策的倾斜，铜官山村应加强与更多区域内金融机构合作，出台针对农村地区的贷款优惠政策，如降低贷款利率、延长贷款期限等，以降低农民的融资成本。同时，为降低农业生产风险，可推广农业保险，为农民提供风险保障。

吸引金融资本注入。地处长三角核心区，铜官山村可结合自身的综合优势，吸引金融资本投入乡村振兴的项目。加强与区域内银行、证券公司、保险公司等金融机构的合作，吸引更多的投资和贷款，用以支持本地的基础设施建设、生态环境修复以及现代化农业发展等。依靠自身产业发展特色与资源优势，举办农业农村重大项目招商会等活动，吸引金融机构和投资者的关注，为农业、乡村旅游等特色产业发展争取更多的金融支持。

完善金融服务体系。持续强化金融服务体系建设，利用村内银行服务点，为村民提供基础金融服务。打造数字乡村平台，通过推广移动金融服务队、便携式金融设备等，为村民提供便捷、高效的金融服务。配套支持常熟“千村美居”乡村振兴等重点工程，以“特色田园乡村贷”“宜居贷”等特色产品，降低融资成本，提高融资效率。拓展线上销售平台，拓宽销售渠道，满足村民多样化的金融需求。

第八章

稳步走好现代化乡村振兴之路

在中国式现代化的进程中推进乡村全面振兴，是以人为核心的新型城镇化的重要任务，是高质量发展的必然要求，是建设中华民族现代文明的时代使命。民族要复兴，乡村必振兴，乡土中国与城市中国将协同托起未来的现代化中国。在现代化征程上走好走稳乡村全面振兴之路，我们要以“人文经济学”的理念，高起点推进人文乡村建设，以文化与经济的互促互动展现传统乡村的魅力，使其更好地在传承文化文明中，成为现代人生活的幸福乐园。铜官山村作为“人文经济学”的乡村样本，以“五大振兴”创造出乡村高质量发展的新路径新场景，实现点“绿”成“金”的美丽“蝶变”，关键就在于始终坚持以人民为中心的发展理念，创新落实乡村振兴战略的根本要求，以产业振兴支撑全面振兴，为村民打造宜居、宜业、宜游的美丽家园，促进乡风文明建设迈上新台阶。新时代以来，铜官山村的发展轨迹与成功实践，进一步表明现代化乡村振兴的重要意义，我国未来乡村发展将绘出更美图景。

一、铜官山村之“变”映射乡村振兴之功

在徐徐展开的乡村振兴画卷上，铜官山村立足自身发展实际，深

度挖掘特色资源，以新发展理念为引领走出了一条独具特色的振兴之路，建成独具江南风情、苏州风貌、鱼米之乡特色的发展图景，在乡村空间重构、经济结构演化、社会结构重塑、发展理念变革方面的变化都映射出了乡村振兴之功。

（一）乡村空间重构：聚落空间由零居生活向新型城镇化转变

在新型城镇化的快速推动下，我国农村正在进入新的发展阶段，传统乡村特征逐渐淡化，聚落空间从乡村型向城镇化转型，居住空间由零散居住向集聚转化，聚落空间的外部形态、规模、组织形态、空间布局、景观特征等呈现新形态。合理的城乡空间布局是推进城乡融合发展，实现新型城镇化与乡村振兴双轮驱动的重要基础。近年来，铜官山村在推进乡村振兴过程中围绕城乡空间布局调整问题积极探索，以“千村美居”统领乡村建设，把农房更新作为切入点，因地制宜推进农户组团翻建、整村翻建乃至片区化建设，配合实施村道改善、河湖提升、村庄绿化、美丽庭院等工作，积极打造“生态环境优美、村庄风貌协调、基础设施齐全、产业经济发展、乡村治理有效”的特色康居乡村。尤其是以实施特色田园乡村建设为抓手，开展自然村庄人居环境专项行动，优化农村住房布局、村庄基础设施配套、村庄整体风貌，提升村庄人居环境、村民自治能力、村庄用地节约集约水平。截至 2023 年 12 月，全村已建成“苏州特色康居乡村”14 个，完成“千村美居”建设点位 29 个，实现辖区 35 个自然村庄人居环境整治工作全覆盖。如今，行走在铜官山村，村道宽阔平坦，庭院美丽整洁，孩童在修葺一新的健身广场嬉戏，青山、绿水、民居、飞鸟交织成一幅充满诗意的文明画卷。

从铜官山村乡村空间转变的演进路径可以看出，城镇化是一个国家工业化和现代化发展的必然过程，乡村振兴和推进新型城镇化是中国式城乡现代化发展的必由之路。2023 年中央经济工作会议强调，要“统筹新型城镇化和乡村全面振兴”。当前，我国到了工业反哺农业、城市支持农村的发展阶段，进入推动城乡融合发展、破除城乡二元结构的“窗口期”，新型城镇化在其中起到重要作用。新型城镇化发展能够有效整合乡村发展资源，促进人才、资源、科技、资金等要素向乡村流动，为乡村振兴提供物质基础和技术支撑，有利于提高城乡居民收入，有效改善城乡居民尤其是乡村居民的生活环境，增强城乡居民生活安定性，提升农村治理现代化水平，也是建设资源节约型和环境友好型社会的实现形式，有利于资源高效集约利用，加快形成绿色生产和生活方式。随着农业向规模化发展，农业人口也逐渐向集中化聚集，为新型城镇化发展形成了天然场域和意识共识。聚落空间由零居生活向新型城镇化转变，是乡村空间重构不可逆转的必然趋势，也是现代化乡村振兴的必由之路。

（二）经济结构演化：由农业主导向三产融合转变

农业高质量发展是实现农业强国的题中应有之义，实现以农业主导向三产融合发展转变，是乡村振兴取得重要成效的必然选择，也是中国式现代化农业发展道路的必然之路。“三产融合”让传统农业增值、增效，是农业经济结构转型，实现高质量发展的必然趋势。铜官山村三产融合发展持续推进，新的产业融合形式不断涌现。一是夯实农业发展根基，延伸农业发展产业链。聚焦“一粒米”“一杯茶”“一颗果”，做足“土特产”文章。建成 1.8 万亩优质水稻种植基地。在中部山地发展茶叶种植，开辟 500 多亩茶树，推出“沙家浜”茶叶品牌，不仅在第八届江苏省食品博览会上获得金奖，也极大提高了 200 多户茶农的直接收入；二是以工强村，增强发展底气。支持虞盛农产品专业合作社、海虞茶叶有限公司、碧根果种植园做大做强，着力打造绿色生态产业园区。充分发挥紧邻高科技产业园区优势，大力发展村级“飞地经济”，实现以工哺农；三是推进三产融合发展，促进农业供给侧结构性改革。依托铜官山乡村乐园、长江文化公园等丰富的旅游资源，深度开发乡村休闲旅游、生态农业观光旅游、科普研学游等一系列多元化旅游产品。如今，铜官山村已经建成“一个以自然生态为基调，农村集体经济组织与多元市场主体有效联结，集美丽田园、茶园、果园、花园和农民新家园为一体的生态休闲地标和乡村振兴样板①。”

透视铜官山村三产融合发展的演进路径，可以断言，如果没有产业的振兴，乡村振兴就会成为空中楼阁。因此，现代化乡村振兴必须以农村经济发展作为前提和落脚点，以农村产业振兴来实现农民生活富裕的根本宗旨。实现农村经济发展，农民生活富裕，关键是要拓展农民增收路径，需要在农村现有资源基础上做大文章。而当前乡村振兴政策出台和实践举措，都为推进农业与二三产业的融合提供了加速发展的空间。从农村自身发展来看，优化产业结构、调整产业发展模式、实现多产业融合发展符合农村经济自身发展的内在要求，也是助推乡村振兴的重要保障。进一步看，三产融合发展能够更好地发挥乘

① 程刚：《实干担当 建设乡村振兴样板村》，载《群众》2024 年第 2 期。

数和倍增效应，解决农业产业附加值过低的固有难题，通过延伸农业产业链和价值链，不断拓展产业范围，扩大产业功能，促进产业层次的不断提升，从而实现农业发展方式的创新，不断生成新业态、新技术、新商业模式和新空间布局，是农村经济结构演化不可逆转的必然趋势，也是现代化乡村振兴的路径选择。

（三）社会结构重塑：由“农村本位”向“城乡融合”转变

党的二十大报告指出，要“坚持农业农村优先发展，坚持城乡融合发展，畅通城乡要素流动”。党的二十届三中全会对进一步全面深化改革作出重点部署，其中把“促进城乡要素平等交换、双向流动，缩小城乡差别，促进城乡共同繁荣发展”作为完善城乡融合发展体制机制的一项重要内容。“城市发展和乡村社会结构变迁是人类社会文明演进的必然进程，是生产方式变革的必然结果。”① 以城乡融合发展为导向推进城乡结构转型，既是建设全国统一大市场的重要条件，也是高质量发展的内在要求。铜官山村把握城乡融合发展大势，持续改善人居环境，加大垃圾分类处理力度，建设农民小公园、健身场、篮球场、老年活动室、农家书屋、电子阅览室、居家养老服务中心、远程教育站等休闲活动场所；建立社会保障体系，促进公共服务均等化。让村级社会保障基金更好用于救助贫困家庭、重大疾病救助、灾害救助等社会保障支出。建立村级医疗保障制度，通过建立合作医疗制度、村医服务站、远程医疗等方式，提高村民就医便利性和医疗保障性。

---

① 陈文胜：《城镇化进程中乡村社会结构的变迁》，载《湖南师范大学社会科学学报》2020 年第 2 期。

尤其是对 60 岁及以上老人设立专项基金，用于这部分群体的合作医疗缴费、重疾险、困难救助等。同时，建立村级养老服务体系，包括为老年人提供日间照料、社区养老服务等养老项目，为老年人提供更加贴近生活和实际需求的养老服务。

从铜官山村的社会服务体系建构的历程看，城乡融合发展是缩小城乡差距、实现乡村振兴的关键举措。党的十八大以来，我国农业农村发展取得显著成就，城乡居民收入比从 2013 年的 2.81 ：1[①] 缩小到 2023 年的 2.39 ：1[②]，宜居宜业和美乡村建设稳步向前。但是，城乡二元结构仍然存在，城乡发展不平衡、农村发展不充分依然是当前我国社会主要矛盾的集中体现，阻碍城乡要素有序流动的体制机制障碍依然是缩小城乡发展差距和深度挖掘乡村多重价值的一大掣肘。党的十八届三中全会对“健全城乡发展一体化体制机制”作出战略部署，党的二十届三中全会与时俱进谋划“完善城乡融合发展体制机制”，再次强调“城乡融合发展是中国式现代化的必然要求”，为以改革创新精神破解“三农”难题指明了方向。新时代以来，以习近平同志为核心的党中央全面部署、系统推进深化农村改革，重塑城乡关系、走融合发展之路，建立健全城乡要素合理配置、城乡基本公共服务均等化，城乡基础设施一体化等方面的体制机制，为推进新型城镇化与乡村振兴有机结合提供了重要支撑。从“农村本位”向“城乡融合发展”是农村社会结构演化不可逆转的必然趋势，也是现代化乡村振兴的重要追求。

---

① 根据国家统计局：《中华人民共和国 2013 年国民经济和社会发展统计公报》，2014 年 2 月 25 日，测算得出。

② 数据来源于国家统计局：《中华人民共和国 2023 年国民经济和社会发展统计公报》，2024 年 2 月 29 日。

（四）发展理念变革：由经济优先向“五位一体”融合发展转变

进入新时代，新发展理念成为指导和引领社会发展的重要力量，中国特色社会主义进入统筹推进、全面协调的阶段。铜官山乡村振兴的探索实践，坚持新发展理念，协调推进“五位一体”总体布局，沿着“生产发展、生活富裕、生态良好、文明发展”方向阔步前行。立足常熟乡情村貌，坚持创新、协调、绿色、开放、共享的新发展理念，有效推进经济建设、政治建设、文化建设、社会建设和生态文明建设，以匠意、茶香、田居为特色，优化山水、田园、村落等空间要素，统筹推进村庄经济、政治、文化、社会和生态文明建设，打造集农业示范、工艺体验、乡村休闲和历史文化于一体的乡村振兴先锋示范区。充分发挥村民议事会、道德评议会等村民自治组织作用，探索开辟先锋领治、民主自治、履约法治、乡风德治、赋能智治的五治融合的社会治理新路径。做好对社会救助对象、残疾人员、困境儿童、退役军人、空巢老人的走访慰问工作，让村民拥有获得感、幸福感和安全感。开展文化传承、道德模范评选、文明家庭、洁美家庭创建活动，倡导文明新风。

从铜官山村农业农村全面发展的演进路径可以看出，乡村振兴是产业、人才、文化、生态、组织五个方面的全面振兴，这五个振兴是相互联系、相互支撑、相互促进的有机统一整体。进一步深化改革，全面提高乡村振兴的效力效能，须进一步放大和激发五大振兴的乘数效应。现代化乡村振兴推进“五位一体”协同发展，是统筹推进农业全面提质增效、农村全面进步、农民全面提升的发展，出发点和落脚点都是实现以农民为中心的发展，建设“宜居、宜业、和美”的新时代乡村。完整准确全面践行新发展理念，由经济优先向“五位一体”融合发展转变，是农村发展理念演化不可逆转的必然趋势，也是现代化乡村振兴的必由之路。

二、传统乡村现代化转型的资源要素“活化”

“三农”问题始终是贯穿我国现代化建设和实现中华民族伟大复兴进程中的根本问题。实现以农业高质高效发展推进农业现代化，以乡村宜居宜业建设为中心推进农村现代化，以农民富裕富足为目标推进农民现代化，以新型城镇化建设推进区域融合发展是现代化乡村建设的核心命题，也是重点推进目标。

（一）新农民化：造就劳动型、组织型、业主型的新型职业农民

习近平总书记指出，“农村经济发展，说到底，关键在人”①。农业农村发展离不开人才资源和人力资本，新型职业农民在带动乡村经济发展过程中具有不可替代的作用。新时代，随着新技术发展和信息的广泛传播，造就了一批爱农业、懂技术、善经营的“新农人”，他们正逐渐成为现代农村建设的中坚力量，涌现出劳动型、组织型、业主型的新型职业农民。在乡村振兴战略背景下，如何解决“谁来种

① 中共中央文献研究室：《十八大以来重要文献选编》（上），中央文献出版社 2014 年版，第 678 页。

地”“谁来管理”的难题是摆在铜官山村面前的重要挑战。铜官山村党委根据发展实际，与镇、村企业做足市场调研，联合制定契合村级发展的人才引进政策，从技术、资金、人力等多方面为驻村创业者提供相应保障。聚焦农村青壮年、返乡农民工、回乡大学生等重点人群，与涉农高等院校、涉农职业院校通过联合办班、委托或者定向培养方式，“培育一批具备先进经营管理理念、掌握现代农业生产技术、灵敏捕捉市场信息”①的“劳动型”新型职业农民。同时，铜官山村开发运营“政府＋公司企业＋农户”“合作社＋村民＋企业”模式，通过建立龙头企业、农民合作社促进农业集约化生产，推动农业产业化进程，依托种植园、采摘园、共享农园等观光休闲农业，培育出一批“业主型”新型职业农民。此外，铜官山积极培育、评选乡村能人里手、乡村工匠等乡土人才，例如以本土能人陆文龙老师为代表的“明白人”“带头人”，积极做好先锋宣讲员的工作，亮身份、做表率，带头贯彻落实各项政策方针，凝聚起党员、干部和群众的强大合力，成为乡村振兴发展过程中“组织型”新型职业农民。

（二）新农业化：建立市场导向的多元业态融合发展模式

2024年中央一号文件提出，要“优化实施农村产业融合发展项目，培育农业产业化联合体”。当前，我国正处在传统农业向现代农业转型的关键时期，农业生产效益的提升是关系农业产业结构转型的重要出发点和落脚点。以市场为导向，加快农业的产业化进程，促进多元

① 程刚：《实干担当 建设乡村振兴样板村》，载《群众》2024年第2期。

业态融合发展，可以有效破解农业效率不高、农业产业链短以及农业附加值低等问题，也是实现农业现代化的重要发展方向和关键举措。在铜官山的新农业化发展实践中，一是推动现代农业园区建设以促进农业转型升级。以建设“江南食谷”为抓手，加强农业科技创新体系建设，进一步提升产业园核心竞争力，构建以“仓储保鲜＋电子商务＋快递物流＋品牌文化＋果蔬游园”为一体的产业园配套服务项目；二是优化提升农业产业结构。开展农业品种培优、品质提升、品牌打造行动，完善全产业链质量安全追溯体系；三是延伸产业链条，促进农业集约化生产。由铜官山村牵头发起的虞盛农产品专业合作社，通过“政府投资、农民入社、职业经理人运营”运作模式，逐渐发展成一个覆盖“种、苗、粮”“产、加、销”全链型的农业龙头企业，加快推进农业的市场化进程。

（三）新农村化：展现乡村全面振兴提质增效的新场景

“新世纪以来，党中央和国家相继提出社会主义新农村建设、新型城镇化、乡村振兴、宜居宜业和美乡村建设等发展战略，一体推动传统农村转型和乡村价值提升，实现以工促农、以城带乡的城乡一体化发展，改变传统城乡二元格局”。[①] 未来乡村要坚持“以人为本”的价值取向，农业综合生产能力稳步提升、农民增收渠道进一步拓展、农村基础设施和基本公共服务加大供给、乡村文化繁荣和文明新风建设显著、数字智慧场景广泛应用，农民成为有奔头的职业、农业成为潜力强的发展产业，农村成为向往的精神家园。为促进村民增收、提升

① 刘彦随：《中国新时代城乡融合与乡村振兴》，载《地理学报》2018 年第 4 期。

全体村民幸福指数，铜官山村不断挖掘地方资源，健全基本公共服务，努力打造产业优势突出、宜居功能完善、乡风民俗良好、品牌效应显著的和美乡村。尤其是在数字乡村建设过程中，以现代先进的互联网技术为依托，以提高农民生活水平和实现农村生活现代化、科技化、智能化为目标，通过开发“数字乡村”软件、集成指挥管理系统、铜官山乡村乐园小程序等来完善乡村治理、休闲旅游、特色产业等，推动农业农村数字化转型。通过建立管理、服务等一体化综合工作平台，打造集事项统一处理、数据汇聚共享、业务协同流转于一体的综合管理服务大枢纽体系，从而提高村民生活水平和建立农民自有的智能生活价值体系。

（四）新社区化：重构新型城镇化的乡村空间新形态

新型城镇化的推进，使新型农村社区出现一些新特征，即原来自然村居的传统模式被打破，新农村社区成为集合各个行政村的联合体，无论从行政规模还是从人口数量上看，都与原有自然村和行政村有着明显的差异。“所谓新型农村社区，是指在城乡一体化进程及乡村振兴战略中新建或翻建以农民为主体的社区，它不同于传统的农村村落，也不同于城市的社区，它所带来的是农民生产方式、生活方式、公共服务等的革命性改变。”[①] 如何应对这种新变化新挑战？一方面，必须在社区的治理主体建设、治理机制以及公共服务等方面，进行系统性研究，探索农村社区治理路径，避免新型农村社区因居住形态和社会

---

① 陈湘满、张凌琳：《乡村振兴战略助推新型农村社区建设的路径思考》，载《安徽农业科学》2023 年第 9 期。

形态的变化，加剧社区利益矛盾分化，造成决策机制不健全、治理行为不规范、治理内容不全面、治理资源短缺等新问题。另一方面，强化制度化的引领作用，着力构建以党建引领为核心，网格管理、议事协商、综合服务、法治安全等多个体系协同推进的社区治理新机制，通过全面提升农村社区治理社会化、法治化、智能化、专业化水平，促进这些新型社区的集体认同和归属感，凝聚乡村建设的各方力量，为现代化的乡村振兴注入新内涵、新动能。

三、"五个结合"推进现代化乡村全面振兴

乡村全面振兴是一项系统工程，关键在于聚焦产业兴旺、生态宜居、乡风文明、治理有效和生活富裕的总要求，着力解决发展不平衡不充分的问题。推进现代化乡村全面振兴要注重把握"五个结合"，既要注重系统集成，又要注重特色优势和重点发力，实现农业全面升级、农村全面进步、农民全面发展。

（一）示范引领与整体推进有机结合

整体推进与示范引领协调推进，以点带面抓突破是一种行之有效的工作方法，往往能收到事半功倍的效果。乡村振兴战略的发展也同样离不开大胆探索、总结经验，典型引领和整体推进的基本路径。推进乡村振兴是一项久久为功的系统性工程，是人力、物力、财力的有机结合，是人才、资源、战略的有效统一，实施乡村全面振兴战略的广度、深度、难度都不亚于脱贫攻坚，必须加强顶层设计、整体推进，

加强系统性、整体性和协同性，以更加有力的举措，凝聚更广泛的发展共识。因此，要树立系统观念，坚持把党中央关于乡村振兴战略的部署要求贯彻落实，做到不偏方向、不打折扣。与此同时，推进乡村全面振兴战略也是一场系统性的改革，要在理念上腾笼换鸟、在政策上破旧立新、在行动上勇于探索。

注重整体推进与重点突破的结合。准确把握乡村振兴的战略要求和主攻方向，从规划引领到任务部署，从细化举措到实际成效，注重将示范引领、发挥“头雁效应”的理念始终贯穿其中，做到全局与局部相配套、共性与个性相融合。乡村振兴的过程是一个对乡村价值再认识、再挖掘的过程，要坚持试点先行、梯次推进、整体提升，积极推进“一镇一村”“一村一品”“一村一景”示范工程，加快建设乡村振兴示范镇、示范村，积极发挥示范村“窗口效应”，蹚出一条推动全域乡村振兴的可靠路径。

注重示范引领与规划先行有机结合，把规划引领作为一项战略性、基础性工作，确保乡村振兴示范引领工作有规可循、有章可遵、有序推进，一张蓝图绘到底。聘请乡村振兴“规划师”和“设计师”，为“美丽农居”量身定制“施工图”、为农业发展找准“精而强”的特色产业方向，实现“农、康、旅、居、娱、购”组合升级。因地制宜创建乡村振兴示范镇、美丽宜居示范村，打造不同类型、不同层次的乡村振兴示范样板，深入发掘一批推进乡村振兴工作的创新思路与先进经验，进一步加强示范引领。

（二）特色发展与优势资源有机结合

在实施乡村振兴战略大背景下，如何充分依托农业农村特色资源，发展地方经济，仍是摆在我们面前的现实课题。农业农村特色资源是乡村的宝贵财富，是因地制宜发展的前提，更是乡村振兴的重要支撑。因地制宜发展特色产业，既要立足资源，又要找到合适的产业发展方向。党的十九大提出乡村振兴战略以来，各地乡村振兴暴露出了不少问题。许多村庄盲目跟风，抛下自身特有的“乡土性”，奔着“农村现代化”向城镇化看齐，照搬城市的建筑风格、景观绿化，使得一些原本各具特色的乡土村落被同质的城市化建筑所代替，从而出现“走一村又一村，村村像城市”的感慨，让乡村失去了原有的吸引力。还有，在农文旅产业的打造过程中，不注重挖掘乡村的原真文化，仅仅将文化表象粗暴放大和复制，使得塑造出来的乡村文化意象缺乏原真和独特性，陷入了“千村一面”的尴尬境地，也使得农文旅产业发展很难实现“出圈”，难以实现可持续发展。

如何通过独有的地方特色优势抢占乡村旅游市场份额，并提升乡村核心竞争力？铜官山村的实践给人启示良多，为了改变“坐拥绿水青山、深陷贫困泥潭”的窘境，村委会把产业培育作为乡村振兴的着力点，在铜官山上种茶树发展茶叶经济，叫响“沙家浜”茶叶品牌。以传统制茶工艺为依托，创建“茶香小镇”，打造茶文化特色的共享农庄项目、沉浸式体验常熟市非物质文化遗产“七峰碧螺春制作技艺”，有效带动了周边观光、餐饮、园艺、游乐设施共同发展，带动村民们实现共同富裕。实践证明，地方的优势资源是一种重要的潜力资源，只有善于挖掘和利用本地优势资源，推进资源优势与发展优势有机结合，才可将特色资源优势逐渐转化为致富一方的产业优势。

图8-1　铜官山村节日活动即景

（三）乡村治理与数字建设有机结合

数字乡村建设作为数字中国的重要组成部分，契合数字经济的发展趋势，是乡村振兴的战略方向，更是提高乡村现代化治理能力、构建乡村现代化治理体系的迫切需要。随着新兴科技发展和产业变革的加速演进，数字化技术和手段正逐渐成为农村传统要素变革以及农业新质生产力发展的重要动力，深刻改变着农业生产方式、治理方式和生活方式。乡村物流、交通、网络等设施逐渐完善，高速互联网连接正在向农村地区延伸，城乡数字“接入鸿沟”正在快速弥合。村镇逐步推进智慧村务平台建设，提高了农村社区治理的效率和透明度；农村电商的快速发展，打破了传统的农产品购销方式和固有的习惯壁垒，不仅是乡村“农”和“商”数字产业化的新增量，还是引领乡村产业数字化存量转型的重要力量，通过降低空间、时间造成的成本，缩短传统农产品销售的链路，让农产品的生产者成为直接的和最大的受益者，成为乡村发展不可逆转的趋势；智慧农业逐渐摆脱自然和人力的束缚，数字化和智能化技术在农户和涉农企业中的普及应用，推动了农业生产、经营、服务流程的标准化建设，有效将农业科技转化为农业生产力；村务治理推进“互联网＋政务服务”的应用链接，将村庄复杂繁琐的事务以线上平台的方式实现治理过程的全程公开化、透明化，既是法治乡村建设的必然要求，也推进了村务透明、办事方便，实现了村民诉求的及时表达和村庄治理的快速响应。“数字乡村智慧管理平台”将村庄社会治安、池塘溺水、老人看护预警等风险点即时通过“一屏掌握”，极大提升了乡村治理现代化水平。

（四）空间改造和乡村文明有机结合

乡村空间作为乡村建设的“硬件”，是乡村村民生产、生活和交流的载体，乡村生活空间主要由乡村建筑物、乡村绿化、乡村公共文娱场所等构成，是完善基础设施和社会公共服务的基本工作单元。乡村开展村容村貌综合整治，治理脏乱差，配套完善农村基础设施，营造良好人居环境，是社会主义新农村建设的基础工程，是乡村文明建设的重要载体。而乡村文明是推动乡村振兴的软实力和重要推动力量，可以说“乡风文明建设要渗透到乡村建设的各个方面，是乡村建设的灵魂所在”①。乡风文明建设由于周期长、见效慢，且不容易考核，一些地方领导把它当作“虚功”“慢活”，不愿投入太多精力，更多的是在乡村文化设施和活动场所上做一些“显而易见”的“面子工程”和

① 朱启臻：《乡风文明是乡村振兴的灵魂所在》，载《农村工作通讯》2017 第 24 期。

“政绩工程”。

因此，未来乡村建设要把空间改造和乡村文明有机结合起来，既要把农村建设成农民身有所栖的美好家园，又要塑造成心有所依的精神家园。一方面，“乡村文明的提升不仅在于人居环境的改善，更重要的是人们精神面貌和生活方式的转变。”[①] 实施乡村“文化惠民”行动，推进城乡文化信息资源共享、送戏下乡、送教下乡以及农家书屋等资源载体建设，开展适宜乡村居民的各种特色文体活动，进行文化的滋养。实施“乡村记忆工程”，对乡村文化遗产进行整体性保护与活态开发利用；另一方面，乡村空间改造重在农民参与，要充分尊重农民意愿，真正做到俯下身子，倾听农民心声，充分调动农民参与家乡建设的主动性和积极性，不断激发农民主体地位和创造活力，把村民对家乡改造的愿景变成乡村改造实实在在的行动，让全过程人民民主在乡村大地落地生根。

（五）产业发展与生态绿色有机结合

党的二十大报告指出：“推动经济社会发展绿色化、低碳化是实现高质量发展的关键环节。”推进乡村振兴生态保护与产业发展是密不可分的，没有生态资源作为依托，产业发展就是无源之水；没有产业发展作为支撑，生态保护也难以持久，产业生态化与生态产业化在协同发展中实现互促共赢。近年来，各地积极探索发展循环农业，加快治理农业面源污染，逐步降低了农业资源消耗的强度。与此同时，一些

---

① 林聚任、刘佳、梁亮：《乡风文明与当前农村新型社区建设——以山东省“乡村风文明行动”为例》，载《中国农业大学学报》（社会科学版）2018 年第 3 期。

地方依托本土优质绿色资源，在开发生态宜居和休闲养生类旅游产品以及供给有机绿色农产品、提供农耕文化体验中做足生态与产业互促的大文章，生态产业发展势头取得良好发展。

未来乡村发展过程中，要注重把产业发展与生态绿色有机结合起来。首先，改善农业生态系统，增强可持续发展能力。明确保护生态环境的底线要求，转变粗放的发展方式，最大程度减少资源消耗，恢复和提升农村生态环境。同时，通过环保监督、生态恢复、生态产品标识认证等公共服务，对生态产品和生产全过程的生态性实施有效管理；其次，拓展“生态+”模式，做大做强生态产业。注重发掘和拓展农业在历史传承、文化体验、生态保护等方面的多功能属性，把农村农业的生态价值充分释放出来，实现传统产业产品的改造升级。

四、汇聚现代化乡村振兴的磅礴力量

党的二十届三中全会强调，要以全面深化改革赋能农业农村现代化，对“完善城乡融合发展体制机制”“完善强农惠农富农支持制度”“深化土地制度改革”等方面作出重点部署，不仅标志着我国农村改革进入了新的历史阶段，更为广袤农村大地绘制了一幅充满希望与活力的未来发展蓝图。打造宜居宜业和美乡村，需要通过组织保障、人才队伍保障、数字技术赋能、产业路径支撑、文化队伍传承等方面采取更加有力的举措，为现代化乡村全面振兴提供坚实保障与持续力量，使“让农业成为有奔头的产业、让农民成为有吸引力的职业、让农村成为安居乐业的美丽家园”[①]变为可观可感的发展实景。

（一）锻造一支战斗力强的干部队伍，健全组织保障和引领

党的二十大报告指出：“坚持大抓基层的鲜明导向”“把基层党组织建设成为有效实现党的领导的坚强战斗堡垒”“激励党员发挥先锋模范作用”“保持党员队伍先进性和纯洁性”。党的二十届三中全会进一步指出：“增强党组织政治功能和组织功能”。在推进乡村全面振兴的进程中，只有组织振兴，乡村振兴才能有坚强的领导力量。农村基层组织是加强农村党的领导、促进乡村治理、实现乡村振兴的战斗堡垒。推动乡村振兴高质量发展，关键在建设一支高素质专业化干部队伍，最终要靠坚强有力的组织体系去落实。

拧紧“选育管用”全链条，锻造高质量干部队伍。要选好配强村级党组织负责人，选好支部书记这只“领头羊”，把政治素质强、致富能力强、带富能力强、创新能力强的优秀党员选拔为村党支部书记。组建一个政治过硬、业务精湛、团结协作好、能力较强的党组织领导班子，实践证明，有了火车头，前行更顺畅。同时，要高度重视党组织后备力量建设。注重凝聚青年农业人才，把致富带动力强的人才作为重点培养对象，为乡村振兴事业未来发展积蓄人力资本。综合运用民主推荐和公开选拔方式，逐步完善村党组织后备干部的管理、培养和考核，努力调优党员队伍年龄结构、学历结构、能力结构，让讲党性、懂经营、善管理、有威信的年轻党员有展示才华的舞台。

突出“政治建设”总方向，筑牢高标准思想根基。政治建设是党

---

① 习近平：《论坚持全面深化改革》，中央文献出版社 2018 年版，第 394 页。

的根本性建设，决定党的建设方向和效果，因此未来乡村振兴要牢牢把握政治建设这个总要求，坚定政治信仰，强化政治担当，将乡村基层党组织建设成为宣传党的政治主张、贯彻党的决定、领导基层治理、团结动员群众、推动改革发展的前沿阵地。

构筑“强基固本”新阵地，夯实高硬度组织基石。党员是党的肌体的细胞，是党的活力的源泉，也是推动乡村振兴的“生力军”。通过党组织政治引领，努力提高乡村党员队伍素质，提升党员队伍学习培训、实践锻炼和帮带群众工作的能力，把教育引导群众作为基层治理的重点任务，深入细致开展好农民思想政治工作，调节处理好纠纷矛盾，着力锻造一支讲政治、能担当、本领强、活力足的农村党员队伍。推进党建业务融合发展，坚持找好党建工作与业务工作目标导向上的结合点，找准业务工作上的“难点”和“堵点”，充分调动党员干部的积极性和创造性，在乡村上下营造浓厚干事创业氛围。

（二）建设一张承载力强的数字网络，推进农业农村现代化

数字乡村建设是实现乡村振兴的重要举措，是实现农业农村现代化的重要途径。现代信息技术正加速与农业农村进行深度的渗透和融合，推动农业产业以及农村经济社会发生深刻变革，成为全面推进乡村振兴，加快建设农业强国的新动能。数字化成为乡村经济建设发展的新阶段与新方向，应加快乡村经济信息化转型，助力乡村治理的精细化，开启城乡经济融合新局面，催生新兴的乡村产业发展形态。

筑牢数字乡村发展底座。数字乡村应用底座为数字乡村的各类应用提供了平台构建基础、平台运行基础以及平台运用基础，是数字乡

村发展不可或缺的基础性工程。根据乡村振兴的不同发展阶段和地方发展的实际需要，有序推进乡村网络基础设施的优化升级。促进“智慧乡村”向深层次发展，有序推进农业大数据平台、数字农业园区、数字农业工厂等硬件载体建设。推进“互联网+”在农村村务、政务、基层党建、财务等领域的应用。提升数字乡村各类主体的信息化能力。加强和引导新型农业经营主体和社会化服务组织对信息技术的感知和应用能力，依托互联网+信息化技术，搭建实用性强、方便推广的信息化产品，做好对新型农业经营主体和社会化服务组织的信息化、现代化教育培训，提升其信息获取与应用能力。锻造数字乡村人才队伍，有计划开展村民数字化意识提升工程，不断提高村务工作的数字化水平，带动乡村居民逐渐适应和充分掌握数字化基本技术，通过加强数字化村务工作环境建设，让广大村民学习、掌握数字化基本技术，体验到“数字乡村”发展的魅力。拓展乡村公共服务的数字化应用场景。统筹乡村公共服务布局，扎实推进“互联网+教育”“互联网+医疗”“互联网+法律”“互联网+金融”“互联网+科技”等向农村延伸，完善社会保障信息服务，深化就业创业信息服务，让乡村居民更加公平地享受数字化技术发展的普惠性。

（三）培育一批造血性强的市场主体，促进农业集约化发展

党的二十大报告强调，要“巩固和完善农村基本经营制度，发展新型农村集体经济，发展新型农业经营主体和社会化服务，发展农业适度规模经营。”改革开放四十多年发展进程中，小农经济逐步过渡到现代农业发展新阶段，农业专业大户、家庭农场、农业合作社、农业

公司以及产业联盟等市场主体逐步萌生和成长成熟，这些新型农业经营主体作为参与农业生产实践的微观单元，既是农业科技进程的推动者、研发者，又是创新应用的主要承载者。在农业标准化生产、产业化经营、规模化服务等方面具有明显优势，具有较强市场竞争力和抗风险能力，是促进农民增收、农村富裕的重要力量，对于全面推进乡村振兴发挥着重要作用。

加强龙头企业的引领作用。龙头企业作为农业产业化发展的引领者，是带动小农户协同发展、促进农民增收、农业增强的骨干力量，也是实现乡村产业振兴的重要支撑，更是加快构建现代农业产业体系的重要推动主体。强化龙头企业的整合引领力。龙头企业能有效破解农村劳动力缺乏、技术支撑不力、产业主体之间分工不明确等问题，要充分发挥龙头企业的整合能力与产业链引领能力，发挥产业融合的乘数效应。壮大龙头企业的联农带动力。支持和引导村级龙头企业发展，积极培育“链主”梯队，增强“链主”企业的市场号召力。

加强农业合作社整合资源能力。以农业合作社将分散的小农户进行集中生产和管理，引导农户从“单打独斗”走向“抱团取暖”和“共同发展”，不断走向规模化、组织化、集约化的发展道路，提高农民进入市场的组织化程度，助力农业产业化。因此，要积极推进家庭农场、农业专业合作社建设，充分发挥党的组织优势，鼓励村党组织领办合作社，扩大新型农业经营主体发展规模与数量，创新土地流转体制机制改革，鼓励农民以土地经营权、实物、现金、技术等多种生产要素作价出资入社，通过共同生产、共同营销与小农户形成稳定的利益共同体。

加强统筹服务和指导。依托产业联盟、产业协会等平台，通过做给农民看、带领农民种（养）、帮助农民销、解决农民忧等方式，为

“新农”组织农户提供技术指导、政策讲解、产品供销等各类服务，指导运用现代经营理念，走品牌化之路，以专业扶持和指导，不断延伸合作社的产业链条，提升其适应市场化经营能力，真正实现了农业增产，农民增收。

（四）探索一条融合力强的特色产业路径，夯实共同富裕的根基

产业兴旺是乡村振兴的重要基础，是解决农村一切问题的前提。习近平总书记指出：“产业振兴是乡村振兴的重中之重”①。实现共同富裕目标，重点是弥合城乡之间的收入差距，农业是农民增收的主体，也是提高农民收入最直接的方式。不仅要通过农业供给侧结构性改革，加快农业生产方式的转变，衍生农业产业链条增加农产品附加值，更重要的是要充分挖掘和拓展农业的多维功能，促进多产融合发展。产业融合发展是乡村产业振兴的重要路径，对于拓展农业多种功能、加快转变农业增长方式、增加农民增收致富新途径具有重要作用。未来乡村建设中，要促进农业与二三产业的多种创新性发展形态，促进乡村新产业新业态等多种服务业发展，只有把农业经济总量做大、农业增量做强，才能进一步夯实共同富裕的根基。

拓展“农业+”产业融合路径。延长丰富农业产业链，探索“农业+电子商务”“农业+旅游”“农业+文创”“农业+康养”“农业+服务”“农业+双创”等多种融合发展模式，注重政策的保障力，形成多业态打造、多主体参与、多机制联结、多要素发力、多模式推进的

① 习近平：《锚定建设农业强国目标 切实抓好农业农村工作》，载《人民日报》2022年12月25日，第1版。

农村产业融合发展体系，增强农业经济发展新动能，拓展农民增收新路径。

培育乡村经济新业态。发展乡村特色产业，要围绕“产”字下功夫，培育出乡村经济新业态新模式，把充满乡土气息的农产品做大做强，把饱含乡愁的传统节日风俗、生态美景、非物质文化遗产的资源优势转化为产业优势。要加快农村电商赋能产业发展，缩短农产品的交易链条，拓宽农产品的交易范围。紧抓直播电商发展的“窗口期”，深耕农村电商产业“生态圈”，精准指导帮扶农户开办电商网店，鼓励支持乡村网红达人、助农电商等探索“直播带货 +”模式。

图8–2　村企业用上全自动码垛机器人

推动农业产业联动发展。因地制宜加强农村产业培育，充分挖掘和依托当地资源禀赋特点和特色优势打造主导产业，塑造优质品牌，“推动区域间的产业协调联动发展，创新打造区域农业产业创新集群”[①]，在产业链上组建农业产业联合体，不断拓展提升“党组织＋联合体（龙头企业、合作社、家庭农场、联合社、村集体股份经济合作社、商会）＋种植基地＋农户”的产业发展模式，形成主导产业与新型农业经营主体相互配合、相互促进的发展格局。

（五）打造一支传承力强的文化团队，焕发乡风文明新风尚

乡村振兴，既要塑形，也要铸魂。乡风文明建设是乡村振兴的助力和保障，也是乡村现代化的重要体现，如何促进乡村文化的繁荣发展，焕发乡村文明风尚，是实现乡村振兴战略的重要任务。实施乡村振兴战略，要坚持物质文明和精神文明一起抓，两手都要硬，既要发展产业、壮大经济，更要激活文化、提振精神，通过打造一支传承力强的文化团队，繁荣兴盛农村文化。

完善基础设施建设，创新农村文化阵地。以文化建设为载体，建立设施齐全、环境美观和服务便捷的公共文化空间，提升公共文化服务效能。筑牢线下文化阵地建设。丰富完善农村新时代文明实践站点、综合文化站、农家书屋、村级文化广场等，实现村村都有特有的文化阵地。拓展线上文化阵地空间。利用村级公共服务平台，设置乡风文明模块，展现乡村文明风采。利用微博、微信、抖音等多元化载体，打造沉浸式文化体验馆、古戏馆等乡村传播中心，打造出立体化、多元化、矩阵化的数字文化网络空间。

打造特色文化团队，广泛举办各种文体活动。因地制宜打造一支

---

① 申学锋、何妮、李政：《农村产业融合发展的问题与路径选择》，载《财政科学》2023年第9期。

扎根农村、面向基层，以专职为主、兼职为辅的基层文化服务队伍，聚力制度化、规模化、品牌化，确定综合文化团队，积极开展农民喜闻乐见的文娱体活动，不断创新文化惠民形式，如非遗技艺展示、礼仪风俗展演、乡村体育赛事、“村超”“村晚”等。深化文化品牌队伍建设，让文化团队“建起来、走出去”。

开展“风采家庭”评选，形成示范引领。家庭是乡土社会的基础，它不仅是乡土社会的生产单位，更是乡土社会文明传承的细胞。乡风文明建设要注重家庭文明家风的传承和弘扬，广泛开展家庭、文明村民的评选活动，在文艺墙晒出好家风、好家教、好家训，传递文明和谐价值观，增强村民参与配合村级发展、管理的责任意识，为乡村塑造好村民、引领好风尚展现新时代文化风采，促进乡风清、民风正、弘扬社会文明新风。

附录一

理解人文经济学发展经验的四个面向

王　俊

作为一种发展理念，人文经济学可以被理解为中国式现代化独特魅力的综合体现。它强调的不仅仅是以人为本，也不仅仅是物质产品和精神产品的极大丰富、环境的可持续发展、社会关系的和谐美好与个人价值的全面实现；而是人文精神和文化底蕴全方位、立体化浸润到科技创新、经济建设和城乡发展的方方面面，形成独具特色的城市品格与气质。与此同时，独特的城市品格与气质又潜移默化地影响着市政规划、经济业态、创新活力、城乡融合、生态环境、生活环境等诸多面向，区域文化基因无时不在、无处不在，独具区域特色的城市样态也由此逐步形成。

人文经济学的实践，不仅仅是文化与经济的简单叠加，其实质是将丰富的文化资源转化为经济高速发展巨大动力的“关键一跃”。研究显示，长三角城市群在经济发展、科技创新、协调一体、绿色生态、开放发展、共享发展等六个维度的综合评价中居于全国主要城市群中之首。人文与经济交融发展、相互促进成为这一地区共同的发展经验。在全国众多城市中，人文经济学为何首先孕生在以苏州、杭州为代表的长三角地区？要回答这个问题，不仅需要理论构建，更要自下而上地对人文经济学在地性实践加以考察、比较、凝练，并探究其经验推广的可能性。本文通过进入孕生人文经济学的苏杭城市空间，不仅将其当成实践样本，更要探究其作为人文经济学理论场域的可能性和可行性。理解人文经济学的发展经验，必须理解“人文”与“经济”在何种意义上彼此依赖、相互成就。为此，本文提出了理解人文经济学发展经验的四个面向，以期为人文经济学话语体系构建提供实证基底与讨论空间，也为人文经济学发展经验的全国性推广与区域化探索实践提供经验与理论准备。

一、人文底蕴与价值互动

苏州与杭州最为人称道的是“人文底蕴”。“文”通“纹”，人文可以理解为人类发展在城市空间里留下的纹路。苏杭对古城与水路的保护，不仅形成了现代意义上的城市交通网络，更使得城市成为人们感官、情绪、记忆、观念得以纵横交错的古今结合点，在长期历史实践中逐步形成了共同价值，城市也成为人们观念言行都受这种共同价值驱动的具体场景。在此意义上，当代的城市建设、发展规划、社会风俗、生活态度、风土人情都是这一共同价值的产物，也是人文底蕴的物质呈现，城市精神也从中得以彰显。

一座城市的发展样貌始终受到人文底蕴价值驱动的影响，发掘、认同、坚守城市的人文底蕴是有特色、有灵魂、有生命力的城市发展样貌的重要基石。长三角城市群之所以能够在全国城市群中脱颖而出，主要原因之一就是这一区域普遍崇文重教，将尊重文化和传承文脉视为城市精神的核心所在。如苏州、嘉兴、宜兴、铜陵、扬州等地直接把“崇文”二字纳入城市精神的概述中，而这些城市也正是古今人才辈出之地。以苏州为例，古代是“状元之府”，历史上出现过 45 位文状元、5 位武状元，其中文状元数量占全国总量的 7.55%，遥居全国之首；现代则是“院士之乡”，截至 2021 年 11 月，苏州籍的两院院士总人数达 139 人，位居全国之首。崇文重教的人文底蕴为城市发展提供了丰富的人才资源，为科技创新奠定了坚实基础。长三角地区的发展经验真实、生动地体现了“科技是第一生产力、人才是第一资源、创新是第一动力”。

人文底蕴也是一座城市直面各种挑战的最大底气。长三角地区不仅历史文化深厚，当代文明特质也十分鲜明。正是多样、立体、丰富的人文底蕴，使长三角地区在长期的发展过程中，特别是改革开放以来，勇于并善于抓住每一次历史机遇，实现了一次次经济转型。坚持走适合自己的发展之路是这些城市的共同经验。以苏州为例，苏州始终坚持制造业为主，制造业增加值占 GDP 比重保持 40% 以上，成为全球第一大工业城市。同样，杭州也走出了一条截然不同的发展之路。2022 年，杭州以新产业、新业态、新模式为主要特征的“三新”经济增加值占 GDP 的比重为 39%；数字经济核心产业实现增加值 5076 亿元，占 GDP 比重 27.1%，占全省数字经济核心产业比重为 56.5%。“网红之都”“动漫之都”“电竞名城”等一个个全新定位正在为这个 16 年蝉联“中国最具幸福感城市”创造更多可能。苏杭在城市发展过程中，都妥善地处理了城市空间的功能区分，打造更包容、多样、宜居、宜业的生活与营商环境。正是对城市人文底蕴的坚守，才使得苏杭在现代化进程中走出一条彰显个性的人文经济学特色之路。

二、传统与现代有机结合的“双面绣”

中华优秀传统文化创造性转化、创新性发展的生动实践是城市发展最深层的动力，传统与现代有机结合的“双面绣”是中国式现代化的重要表现。丰富的文化资源、深厚的人文底蕴为中国特色人文经济学的发展奠定了重要基础，但是，文化资源丰富并不一定意味着经济发展就好，历史悠久也不意味着现代文明必然发达；要在“人文”与“经济”之间做好衔接与转化，唯有把文化资源优势转化为推进高质量发展的优势，人文经济学的深刻内涵才能真正得以彰显。以苏杭为代表的长三角地区发展的共同经验表明，人文经济学从理念到实践的“关键一跃”就是中华优秀传统文化创造性转化、创新性发展，其中包含三个关键问题。

第一，从人文到经济的转化关键在于如何继承发扬中华优秀传统文化的精气神。这个精气神主要表现为“天下为公、民为邦本、为政以德、革故鼎新、任人唯贤、天人合一、自强不息、厚德载物、讲信修睦、亲仁善邻”等我们日用而不觉的宇宙观、天下观、社会观、道德观。时代虽变，内涵有不同，但精髓不改，精气神依旧。改革开放以来，中华民族敢为、敢闯、敢干、敢首创的斗争精神、创新精神和人文精神支撑了一代又一代创业者，创造了一个又一个奇迹，成就了一座又一座城市。

第二，中华优秀传统文化的创新性发展关键在于如何聚才引智、构筑具有竞争力的营商环境。换言之，就是把丰富的文化资源创造性转化为推动经济发展的重要力量，把中华优秀传统文化创新性发展成为汇聚各种要素的城市软实力。例如，苏州通过古城保护、城市更新的方式使江南水乡的古城风貌呈现出“中而新”的时代生命力，以更加生态、宜居、便捷、时尚、有活力的城市集聚了一批顶尖人才，创造了一批科技成果，形成了一个“面向所有人、为了所有人”的发展环境。苏州平江路历史文化街区就是苏州以文化人、以文兴业、以文塑城理念的最佳展示，是“产城人”融合发展的典型案例。今天的苏州不仅是外国专家眼中“最具吸引力的中国城市”、世界银行认定的“中国投资金牌城市”，更是普通劳动者心中的“人间天堂”。正是这种开放与包容的文化，使苏州成功吸引了 30 多家国内外知名高校和科研院所，1.35 万家高新技术企业，人才总量超 370 万人，拥有了中新、中日、中德、海峡两岸和苏州自贸片区等开放平台及国家级、省级经济开发区。其实，在长三角地区，像苏州这样的城市还有很多。只有坚持从中华优秀传统文化中汲取精髓，与时代相结合，走守正创新的道路，城市发展才会有源源不断的动力。

第三，在转化过程中，关键在于如何用好数字化、信息化等新技术。在数字化时代，利用新一代信息技术实施文化数字化发展战略，不仅是在传承中发展中华优秀文化，更是为城市发展寻找新动能。一方面，数字技术与文化要素相结合的数字文创产业正成为推动城市沉浸式项目、数字文化资源等新业态发展的动力源泉。用数字技术将经典古籍、丝绸纹样、非遗技艺、方言、地方戏等永久保存，不仅扩大了传统文化活化利用的传播渠道，还能为后世留下珍贵的影像资料和技术数据。同时，大数据和人工智能技术等在文化创意产业中的普遍运用，促进了“非遗资源 + 文化创意”的跨界融合，文化经济化的新实践、新探索为文化产业高质量发展提供了新思路，一批像苏州“太湖雪”一样优秀的文化创意企业不断涌现。另一方面，数字孪生城市体系正在成为城市国际化发展的新赛道。以"人"为核心的数字孪生城市，是通过数字化方式，对城市物理实体进行虚拟映射，对城市公共基础设施、交通物流及网络管理等进行涵盖规划、建设、管理、使用和维护等全生命周期的数字化管理。数字孪生城市体系将人与建筑、环境、历史、城市、文明、生态有机融合在一起，为当下和未来的城市规划提供决策借鉴。

中华优秀文化创造性转化、创新性发展是人文经济学的核心内容，正是坚持在传承中创新发展，人文经济学逐渐呈现"双面绣"特色。人文经济学是传统与现代的有机结合、是文化与经济的交融发展、是城市与乡村的共同繁荣、是生态与发展的和谐统一、是中国与世界的联系纽带。因此，人文经济学与中国式现代化的丰富内涵在本质上是相通的。

三、在地实践的区域化探索

中华文明的共同特征和区域文化的巨大差异意味着人文与经济的融合发展在全国各地应有不同的探索。人文经济学的实践，首先应当尊重区域个性，以各省市的在地性实践推动人文经济学发展的多元探索，而不是简单以苏杭经验为标准答案生搬硬套、千城一面。

中华文明的共同特征表明人文经济学的发展经验可以在全国范围内交流推广。"中华文明探源工程"重大科研项目研究成果显示，距今5800年前后，黄河、长江中下游以及西辽河等区域出现了文明起源迹象；距今5300年以来，中华大地各地区陆续进入了区域文明阶段；最终在相互交流借鉴中，中原地区形成了更为成熟的文明形态，并向周围广大区域辐射文化影响力，成为中华文明总进程的核心与引领者。习近平总书记在 2023 年 6 月初的文化传承发展座谈会上指出，中华优秀传统文化有很多重要元素，共同塑造出中华文明的突出特性。中华文明具有突出的“连续性”“创新性”“统一性”“包容性”“和平性”。中华文明的共同特征为长三角地区人文经济学的发展经验在全国的交流推广提供了可能，也为人文经济学发展理念在全国各地落地生根提供了可能。

区域文化的差异和发展水平的不同意味着人文经济学的实践探索应该是差异化发展和错位化竞争。中国地域广阔，各地资源禀赋差异明显，现代文明的发展程度千差万别。因此，每一个地区，每一座城市都应该探寻一条适合自己的发展道路，形成独具特色的区域优势和竞争力。“在地性”应当成为人文经济学在各地实践探索的首要特点。各地不能无条件复制推广先行地区的经验，而应该结合本地特色践行人文经济学发展理念。比如，河南以《洛神水赋》《风起洛阳》为代表的“以创意驱动、美学引领、艺术点亮、技术赋能”的现代化创新思维下的文化产业就是一种有益的地方探索实践。因烧烤出圈的淄博，把齐鲁大地的“好客文化”、美食文化与历史文化充分结合也是一种人文经济学的发展经验。甘肃省武威市把《凉州词》的历史积淀转化为河西走廊绿色发展的新动力，长江经济带沿线 11 个省市共同以人水和谐、内连外通、创新驱动为抓手，着力打造高质量发展的新高地。可见，人文与经济的融合发展应当是中华优秀传统文化的共性与彰显个性的城市精神的有机结合。后发地区借鉴先行地区人文经济学的发展经验固然重要，但关键还是要抓住人文经济学理念的精髓，坚守区域人文底蕴，立足地方实际，以人为中心推动经济社会发展。

四、回到“人”本身

人文经济学强调人文与经济交相融合、互为表里、相互作用。苏州的人文经济实践表明，没有科技创新的经济，不是人文经济的应有之义；只有人文底蕴而没有经济的发展，也不符合高质量发展的理念和要求。人文经济是人才聚集、创新不断、经济活跃、环境优美、人民幸福的经济发展样态，其发展目标、丰富内涵、可行路径与高质量发展不谋而合，同时也是人的全面发展的必然要求。坚持人文与经济的融合发展，实质就是坚持高质量发展，实现人的全面发展。

要把“人”作为一切工作的出发点，全面推进人文经济学发展的落脚点，是要回到“人”本身，实现人民幸福安康。“一切为了人民，为了人民的一切”，把满足人的全面发展需求作为人文经济学的重要任务，是实现高质量发展的重要内容。一是要满足人民群众不断增长的物质文化和精神文化需要，在民生保障上更丰裕，在生活品质上更提升。要加快医疗、教育、交通、食品卫生、养老等公共服务基础设施建设，确保基本民生安全有保障。要加大公共文化服务产品供给，加强公共文化服务配送平台建设，为大众提供更丰富多样的文化产品。要着力推动 10 分钟文化圈与 15 分钟生活服务圈建设，让文化空间融入生活空间，满足更多人的精神文化需求。二是要把基层治理现代化作为构建新时代幸福生活的重要内容。引入现代化治理理念和治理手段，完善网格化管理、精细化服务、信息化支撑的基层治理平台，健全城乡社区治理体系。要倡导家庭和睦、邻里互助、社区安宁的新风尚，坚持和发展新时代“枫桥经验”和“浦江经验”，及时把矛盾纠纷化解在基层、化解在萌芽状态，让安全、快乐、幸福的“一团和气”成为社会生活的写照。三是要把生态宜居的城乡环境作为人们安居乐业的重要载体。加强系统思维，统筹山水林田湖草等生态要素的协同治理，深入推进环境保护工作。加快美丽乡村建设，让特色田园成为富农强农的重要通道；加快公园城市建设，以城市更新创建便民惠民的乐居环境。四是要让城乡融合发展的共同富裕成为人文经济学的典型经验。加快实施乡村振兴战略，推动乡村产业跨界发展。鼓励城市居民、资金、技术、资源、创意等各种要素向乡村聚集，以城市带动乡村，实现城乡融合发展，推动共同富裕在更广范围内实现。

人文经济学不仅是传统与现代、科技与人文、生态与发展的有机综合体，也是本土化与世界化的融合。人文经济学理念观照的是看似不可化约的矛盾，尤其是以西方话语体系为主导的科学与人文的二元对立矛盾。在人文经济学看来，人的全面发展与科技进步、文化创新不再是简单的非此即彼关系。以人文精神来审视科技创新，以人文视野来推动人类社会进步，是我们必须承担的历史重任。人文经济学，不仅为人类文明新形态提供更多探索与可能，也将为构建人类命运共同体交出中国答卷。

本文刊载于《探索与争鸣》2023 年第 9 期

附录二

人文经济学视域下江苏全面推进乡村振兴研究

彭萌萌　王　俊

摘　要：人文经济学作为一种新的发展范式，为把握中国式现代化提供了新的理论工具和实践指导。实施乡村振兴战略是推进中国式现代化的重要一环，其发展的价值目标与人文经济学始终坚持以人民为中心的发展思想具有内在一致性。人文经济学视域下，江苏要在绘就产业兴旺“新场景”、探索乡村治理“新路径”、激发乡村振兴“新动能”、打造生态宜居“新画卷”等方面展现人文经济典范，以高质量发展全面推进乡村振兴。

关键词：人文经济；乡村全面振兴；中国式现代化；高质量发展

习近平总书记在党的二十大报告中指出：“全面建设社会主义现代化国家，最艰巨最繁重的任务仍然在农村。”“从中华民族伟大复兴战略全局看，民族要复兴，乡村必振兴。”[①] 2023 年全国两会期间，

① 2020 年 11 月习近平总书记在中央农村工作会议上的讲话。

习近平总书记在参加江苏代表团审议时指出："上有天堂下有苏杭，苏杭都是在经济发展上走在前列的城市。文化很发达的地方，经济照样走在前面。可以研究一下这里面的人文经济学。"习近平总书记这一重要论述首次提出了人文经济学的重要命题。人文经济学作为一种新的发展范式，是习近平新时代中国特色社会主义思想中"以人民为中心"发展理念的生动呈现，主张经济活动中更加注重人文精神、人文价值和人文关怀，在人、经济、文化的交融互动中促进以文兴业、以文化人、文化赋能，从而实现以经济高质量发展丰富人的自由而全面发展的最终旨归。实施乡村振兴战略是推进中国式现代化的重要一环，也是实现共同富裕的必然要求。乡村振兴的实质是实现农业农村现代化，解决推进中国式现代化进程中城乡发展不平衡问题，以产业振兴、人才振兴、文化振兴、生态振兴、组织振兴来缩小城乡差距，让农民共享改革发展成果，这与人文经济学始终坚持以人民为中心的发展思想具有内在一致性。江苏是经济大省，也是农业大省，更是文化大省，有责任和义务在推进中国式现代化中走在前、做示范。人文经济学视阈下，江苏要加快推进乡村全面振兴不断取得实质性进展，形成可复制可推广的乡村全面振兴之江苏经验。

一、人文经济学视阈下乡村振兴的本质要求

（一）政治维度：以实现全体人民共同富裕为发展追求

"实现共同富裕不仅是经济问题，而且是关系党的执政基础的重

大政治问题。”[①]扎实推动全体人民共同富裕，既是新时代人文经济学需要回答的重要课题之一，也是新时代人文经济学的显著标志，这与乡村振兴的发展实质不谋而合。没有农业农村现代化就没有整个国家的现代化，共同富裕作为中国式现代化的重要特征，其短板之一就是农业农村的现代化。因此，实现农村发展、农民致富是共同富裕的关键组成部分，也是实现共同富裕的重要标志。乡村振兴不仅是新时代解决“三农”问题的总抓手，更是实现共同富裕的必经之路。

（二）经济维度：以推动高质量发展为动力源

习近平总书记指出：“高质量发展，就是能够很好满足人民日益增长的美好生活需要的发展，是体现新发展理念的发展，是创新成为第一动力、协调成为内生特点、绿色成为普遍形态、开放成为必由之路、共享成为根本目的的发展。”[②]人文与经济深度融合正是贯彻新发展理念的题中应有之义，以创造高品质生活，实现人的全面发展之目标。高质量发展也同样是乡村振兴的内在要求和发展实质。习近平总书记把产业振兴作为乡村振兴的重中之重，强调要以农业高质高效发展推进农业现代化，深化农业供给侧结构性改革，强化现代农业的科技支撑，构建现代农业产业体系。

---

① 2021 年 1 月习近平总书记在省部级主要干部学习贯彻党的十九届五中全会精神专题研讨班上的讲话。

② 2017 年 12 月习近平总书记在中央工作会议上的讲话：《我国经济已由高速增长阶段转向高质量发展阶段》。

（三）文化维度：以经济文化与文化经济化协同发展为着力点

在人文经济学视域下，文化不再是经济的附属，而是推动经济社会发展的重要动力。精神文化不仅是一个地区实现发展跨越的动力源泉，人文资源同样可以转化为经济增长的新动力，通过推动文化产业化来满足人民的精神需求。乡村振兴既要塑形，也要铸魂，实现乡村文化振兴是乡村振兴战略的重要一环，既要以文化引领焕发乡村文明新风尚，又要推动乡土文化的活化利用与传承。

（四）社会维度：以人民对美好生活的向往为奋斗目标

经济发展以社会发展为目的，社会发展以人的发展为归宿。在人文经济学视域下，中国式现代化的实践探索始终体现出对人民期望的深刻理解和有效回应，人民既是现代化建设的参与者、推动者，更是现代化成效的享有者。乡村振兴战略实施过程中，从加快高标准农田建设到培育发展特色农业产业、促进农民增收致富，从人居环境整治、建设宜居宜业和美乡村到丰富乡村文化形态、焕发乡村文明新风尚，都展现出在擘画“农业强、农村美、农民富”的乡村新画卷中实现农民对美好生活的期待和向往。

（五）生态维度：以人与自然和谐共生为发展的支撑点

习近平总书记强调：“中华文明历来崇尚天人合一、道法自然，追求人与自然和谐共生。”[①] 新时代人文经济学，坚持良好生态环境是最公平的公共产品，是最普惠的民生福祉，强调经济发展的可持续性和人本性，这与乡村振兴战略中的“生态优先”价值理念高度趋同。良好的生态环境是农村最大优势和宝贵财富，生态振兴是乡村振兴的绿色根基和重要支撑，强调生态优先、生态至上的协同治理理念，在加强乡村生态系统保护基础上进行绿色发展，实现生态的“含金量”和发展“含绿量”同步提升。

二、人文经济学视域下江苏全面推进乡村振兴的现实基础

（一）现代都市农业发展格局基本形成

江苏高标准农田建设稳固提升，农业产业链韧性和竞争力不断提高。新型农业经营主体不断培育壮大，家庭农场快速发展，农民合作社迅速增多，农产品质量安全方面的监管制度不断完善。农产品品牌效应更加凸显，阳澄湖大闸蟹、盱眙龙虾、东台西瓜、阳山水蜜桃、东山白玉枇杷等品牌享誉大江南北。产业融合度不断提高，新业态不断涌现。江苏探索实施“美丽乡村 +”休闲、非遗、民宿、康养等产业新业态，打造出一批乡村旅游集聚区。

① 2017 年 12 月习近平总书记在“领导人气候峰会”上的讲话。

（二）美丽乡村建设不断迈上新台阶

近年来，江苏不断挖掘自然资源禀赋、改善公共基础设施，持续推动农村人居环境质量提档升级，重塑田园风光、田园建筑、田园生活，展现出生态美、环境美、人文美、管护水平高的“三美一高”生态宜居美丽乡村形态。2023 年，完成改厕任务 67.8 万户，农村生活污水治理率提升到 51 %，推动环境提升与打造美丽乡村相结合，在已建成 673 个生态宜居美丽示范乡村的基础上，让首批 1000 多个行政村升级为宜居宜业和美乡村。

（三）乡村治理形成了众多可推广经验

作为全国乡村治理体系建设试点，江苏创新农村社区党建模式，丰富乡村民主自治路径，深化乡村社会法治实践，激发乡村善治德治活力，加快现代信息技术运用，加大美丽乡村建设，形成了一批可复制、可推广的经验。例如，江阴市将积分制嵌入全国首批乡村治理体系建设试点，并延续至全国党建引领乡村治理体系建设试点中；东台市推行村级重大事项决策“四议两公开一反馈一监督”的“4211”制度，推广“两份清单、一份协议、双向评估”的村居治理模式，有效发挥“一约七会”在乡村治理中的作用；昆山市“从‘大管家’到‘大家管’‘五个一’推动百村共治”成功入选第四批全国乡村治理 31 个典型案例之一，等等，形成了乡村治理的“江苏路径”。

（四）城乡统筹发展走在全国前列

2019 年，江苏宁锡常接合片区入选国家城乡融合发展试验区。为加快国家城乡融合发展试验区（江苏宁锡常接合片区）改革攻坚，围绕建立集体经营性建设用地入市、建立科技成果入乡转化、搭建城乡产业协同发展平台等 5 项试点任务，江苏出台省级 28 条赋能支持事项，总结梳理 25 个典型案例在全省面上推广。近年来，江苏不断促进城乡生产要素双向自由流动和公共资源合理配置，城乡基础设施互联互通，行政村双车道四级公路、农村地区 4G 网络实现全覆盖，在全国率先实现“快递进村”省域全覆盖。

三、人文经济学视域下江苏全面推进乡村振兴的现实任务

（一）在绘就产业兴旺“新场景”方面展现人文经济典范

产业兴旺是乡村振兴的基础和前提，也是实现乡村振兴的关键。2024 年中央一号文件对乡村产业高质量发展提出了新的时代要求，指出要“提升乡村产业发展水平，促进农村一二三产业融合发展，推动农产品加工业优化升级，推动农村流通高质量发展，强化农民增收举措”。近年来，江苏乡村产业虽然发展势头良好，新产业、新业态蓬勃发展，但与高质量发展要求仍有差距，存在产业规模小、主体弱、链条短、同质化等问题，江苏仍需进一步挖掘农业产业发展“新场

景”，推动乡村产业全链条升级，做优做精特色优势产业，提升乡村产业发展水平。

（二）在引领和美乡村“新风尚”方面展现人文经济典范

和美乡村是新时代文化兴盛之美、生态文明之美、社会和谐之美、人民幸福之美的乡村版诠释，彰显了中国式现代化建设中物质文明和精神文明协调发展、乡村环境塑形与乡村文化铸魂齐头并进的新愿景。2024 年 4 月，江苏发布首批宜居宜业和美乡村名单，南京江宁佘村社区、无锡惠山桃源村、苏州吴江开弦弓村等 1241 个行政村（涉农社区）榜上有名，吹响了引领和美乡村“新风尚”的号角，如何推动乡村整体化设计、组团式发展、差异化布局，加快宜居宜业和美乡村串点成线、连线成片，仍需进一步探索实践。

（三）在探索乡村治理“新路径”方面展现人文经济典范

要实现乡村振兴，必须以推进乡村治理现代化全面提升乡村治理效能。在推进新型城镇化、农业农村现代化进程中，城乡利益格局、乡村社会结构不断调整变动。随着经济社会的发展，农村居民的美好生活需要日益多元，这些都对乡村治理产生了深远影响。需要各地改革和完善乡村社会治理方式，不断激发村民共建共治的参与热情，拓展智慧治理应用场景，开启“政治、自治、法治、德治、智治”五治融合基层治理探索，建设社会治理共同体，绘就乡村多元共治的“同心圆”。

（四）在激发乡村振兴“新动能”方面展现人文经济典范

首先，江苏农村居民消费梯次升级趋势明显，发展型消费指数持续攀升，反映出农村居民对高品质生活的追求。如何在供给侧打造农村消费市场新的经济增长点，在需求侧进一步激发消费潜力成为乡村振兴的内在发展需求。其次，乡村全面振兴与高质量人才息息相关，在乡村振兴系统工程中，如何集聚产业发展人才、乡村治理人才、农业科技人才等至关重要，这是破解“谁来种地”“谁来治理”的关键所在。最后，乡村高质量发展离不开农业新质生产力赋能。要通过农业科技创新、数字化应用推动农业全要素生产率大幅提升，实现农业生产的绿色、集约、高效发展，进一步拓展农业发展空间。

（五）在打造生态宜居“新画卷”方面展现人文经济典范

乡村振兴，生态宜居是重要前提，良好生态环境是农村的最大优势和宝贵财富。党的二十大报告提出，要“全面推进乡村振兴”“必须牢固树立和践行绿水青山就是金山银山的理念，要站在人与自然和谐共生的高度谋划发展”“持续深入打好蓝天、碧水、净土保卫战。”江苏作为农业大省和经济强省，有责任有担当在推动农村生态系统健康、生态资源高效利用、农业环境污染治理、农民居住环境改善等方面打造“新画卷”，真正将良好的生态资源转化为推动乡村产业绿色发展新动能，使农民在享受绿水青山的同时也能收获金山银山。

四、人文经济学视域下江苏全面推进乡村振兴的实践路径

（一）聚焦规划引领，打造“一村一品”的特色田园乡村

一是强化乡村规划师驻村服务。没有前瞻引领和科学规划，就没有乡村产业的合理落地和乡村价值的多元再现。科学的乡村规划可有效避免乡村风貌杂乱无序、乡村建设“千村一面”的发展困局。如苏州的“驻村规划师党建联盟”和无锡的“美丽乡村设计师”，都是通过培育示范项目打造出“一村一品”的田园风光。同时，可借鉴北京、成都等地的责任规划师制度以及浙江开展的以“运营”为主体的乡村运营师制度，深化江苏“共绘苏乡·规划师下乡”活动的制度体系和运行机制，既要引进城市规划人才“长驻乡村”，又要孵化乡土人才“常住乡村”。二是成组连片打造特色田园示范区。以集聚提升、特色保护类规划发展为重点，秉持破界、串点、连线、成片的规划思想，通过空间缝合、资源整合、发展聚合，推进特色田园乡村、历史文化名村、美意田园村庄等特色资源点的聚合，形成融产业、田园、文化、生态于一体的空间连片区，引导乡村人口向田园乡村组团集聚，锻造若干典型发展的特色田园乡村连片示范区，打造全国农业农村现代化建设的江苏样板。

（二）聚焦升级转型，高质量推进农业现代化发展水平

一是着重在强化农业科技创新上出实招。构建以企业为主体，农

业科研院所、农林学院协同发展的农业科技创新联合体，集中力量在种业振兴、新材料新技术、农业机械装备、精准农业等方面开展重大科技成果研发及集成推广应用。依靠科技创新推进绿色农业、智慧农业、低碳农业发展，切实提升农业高质量发展水平。二是着重在打造现代农业经营体系上见成效。根据江苏各地资源禀赋，培育壮大新型农业经营主体，以“龙头企业 + 合作社 + 农户”“农业龙头企业 + 规模养殖厂户”等模式，充分发挥家庭农场、农业合作社的集约效应。三是着重在增强农产品品牌附加值上下功夫。延伸农业产业链条，以地域文化为载体进行品牌培育、品牌提升、品牌打造，提升农产品市场竞争力和农业产业效益，延长农民增收“价值链”。

（三）聚焦产业振兴，培塑农文旅深度融合发展新业态

一是构筑乡村“文化艺术院落”，打造乡村文旅新“地标”。充分挖掘农耕文化、乡村手艺、乡村节日与风俗等乡村文化资源，活化利用乡村闲置院落，吸引艺术机构入驻，通过打造“文化艺术院落”，在游客、文化产业人才、村民之间构筑新型交流空间。二是打造乡村特色小镇，拓展发展边界和空间。江苏各地可依托历史风貌、自然景观、农业景观、民宿风情等资源禀赋，做优小镇精品工程，结合田园亲子、青年玩酷、中年养生、老年养老等旅游消费需求，导入“购、娱、学、养、思”等消费项目。三是打造休闲农业、农业研学旅游等新业态。如韩国休闲农业的周末型农场、观光农园，日本的生态旅游，欧洲乡野农庄型的民宿农庄、度假农庄、露营农场以及适应欧洲居民习俗的骑马农场、教学农场、探索农场等都是有益的借鉴。同时，可建立产学研一体化的平台或示范农业园区以及农业科普馆，形成集观

光、教研、科普、示范等为一体的创新联合体。

（四）聚焦治理有效，以基层微治理激发乡村内生力

一是探索推广“党建引领、乡贤聚力、群众参与”的乡村治理模式。充分发挥基层党组织的引领作用，动员新乡贤力量，丰富拓展百姓议事厅等民主实践。如苏州市吴江区深化“援法议事”实践，创新协商议事形式和载体，打造“红帆议事”“阿婆茶”“事解江村”“百姓茶馆”“园村共议”等一批值得借鉴和推广的特色品牌，形成共建共治共享的基层治理格局。二是深化数字赋能，为乡村治理插上“云翅膀”。建立一站式、全场景、全链路的数字化综合治理服务平台，创建数字服务、数字治理、数字监管、数字文化等数字治理体系，创新应用矛盾调解、隐患排除、人居环境整治、村务村情公开、政务服务等各种需求场景，真正实现平台服务高效、智能互动的“零距离”。同时，配合组建网格长、网格督导员、网格管理员、网格信息员、网格巡查员“一长四员”管理队伍，以“一网联动、多方协作”实现人在“网”中走，事在“格”中办。

（五）聚焦文化建设，促进乡村文化资源的激活与创新

一是传承保护村落肌理，留住诗意乡愁。在建筑空间布局与乡村景观设计中，延续好乡村传统格局和肌理，做好乡村整体风貌和形态的留存，将历史文化、山水文化与乡村规划建设相结合，促进乡村美景、民间记忆与百姓创造相融共生。二是做好乡土文化传承，凝聚文化合力。乡村文化是中华民族的文化底色，是乡村居民的共同记忆和

情感纽带，是乡村振兴的价值引领和精神动力源泉。要有效拉动和丰富充实诸如节日庆典、文娱生活、非遗保护、乡风培育等内容，增强乡村文化活动的交互性，增强乡村居民的归属感和凝聚力。三是创新数字技术应用，催生文化新业态。利用 VR、3D、交互投射等数字技术，打造特色文化线上展示与演艺平台。如发展乡村剧场演绎，多维度展现乡村的时代变迁，提高民俗文化、农耕文化等乡土文化影响力。推动“村晚”“村超”等新业态发展，为农民提供展示自我、交流情感和享受文化的平台，激发新时代乡村振兴的文化活力，唱响新时代精神文明和谐乐章。

本文刊载于《江南论坛》2024 年第 7 期

后　记

“在理论研究上多出成果”“在服务发展上多献良策”“在宣传苏州上多作贡献”是苏州市社会科学院的职责使命。本书的编纂始于对习近平总书记关于人文经济学重要论断的深刻学习与理解。在习近平总书记视察苏州并高度赞扬其传统与现代结合的成功实践后，作为苏州市社科研究的重要平台，我们深感有责任将这一宝贵经验系统梳理并传播出去。

2022 年 9 月，我受邀参加《非凡十年·大美中国苏州篇——常熟》大型沉浸式访谈特别节目录制，对常熟的乡村发展有了全新的认识，那里不仅有鸡犬相闻的田园风貌，更有充满活力的乡村经济。2023 年底，为更好地了解乡村振兴战略推进情况，我院在铜官山设立了调研基地。多次调研了解后，我们深刻感受到铜官山村不仅有优美的自然风光和深厚的历史积淀，更有在现代化进程中不断探索与创新的实践精神，从籍籍无名到网红景点，从冷清荒山到乡村振兴样板村，展现的正是一幅幅人文与经济深度融合的生动图景。经过近一年的调研、资料搜集与深入分析，我们选择了铜官山村作为人文经济学在乡村层面的典型样本，力求通过这一鲜活案例，回应总书记对苏州的殷殷嘱托，并为其他乡村发展提供可借鉴的路径。

本书是集体劳动的成果。从初稿的撰写到多轮修订，再到最终定稿，每一步都凝聚了编撰团队的心血与智慧。各章分工如下：王俊、李程骅撰写绪论；彭萌萌撰写第一章、第四章（詹诗煌对本章节撰写亦有贡献）和第八章；吴雯雯撰写第二章；詹诗煌撰写第三章；顾振华撰写第五章；赵越撰写第六章和第七章。在编撰过程中，王俊负责全书统筹协调工作。我院特聘研究员李程骅教授审阅书稿纲目，并对全书各章节内容进行修改和最后统稿。陆雪梅、郑苏娟、俞婷婷也参与了书稿的相关工作。

本书编写得到了苏州市委宣传部、市社科联的关心和指导，常熟市委宣传部、常熟市社科联、海虞镇及铜官山村也为项目提供了很多材料支撑与协调帮助，在此表示衷心感谢！

值此中华人民共和国成立75周年之际，本书的编撰出版，是对新中国成立以来农村经济社会发展成就的一次深情回望与致敬。同时，作为苏州市社科院“科研元年”的一本集体著作，也是我院深入贯彻科研兴院战略，以课题研究为载体，全面锻炼与提升科研队伍实力的一次创新实践。由于我们的水平有限，掌握的情况未必全面，书中难免有疏漏或不合适之处，欢迎广大读者批评指正。

王 俊

2024年8月